ÉDITIONS SAINT-SÉBASTIEN

-2016-

PIERRE DE LA GORCE
de l'Académie française

LES MASSACRES
DE PRÊTRES
SOUS LA RÉVOLUTION

1792~1793

FLAMMARION, EDITEUR

LES MASSACRES DE PRÊTRES SOUS LA RÉVOLUTION

1792-1793

I

DE L'INTERNEMENT AUX MASSACRES

Le 27 mai 1792, l'Assemblée législative votait la seconde loi de proscription. Le prêtre orthodoxe, désormais à la discrétion de ses ennemis, n'aurait plus ni patrie ni demeure permanente. C'était l'arbitraire de l'ancien régime, et avec l'hypocrisie de la liberté. De l'ancien régime, par une réminiscence comique qui contrastait avec la tristesse des choses, la loi nouvelle avait même ressuscité les catégories privilégiées. La dénonciation, fondement de l'ostracisme, n'était pas à la portée de tout le monde. Elle était le monopole des seuls *citoyens actifs*, c'est-à-dire de ceux qui, à raison de leurs contributions, étaient admis au droit électoral. C'est ainsi que le privilège, signe distinctif de l'ordre ancien, se glissait dans l'ordre nouveau. La Révolution, faite pour rendre les hommes égaux, délivrait des lettres de dénonciation comme jadis on avait délivré des lettres de noblesse, et n'admettait à l'espionnage que des délateurs de qualité. La loi du 27 mai contenait un dernier article ainsi conçu : « Le présent décret sera porté dans le jour à la sanction du roi. »

Il y avait eu un conseil le 13 juin au soir, mais très court et où rien n'avait été décidé. Il y eut nouvelle réunion le 14. Le roi accueillit Dumouriez avec empressement, le félicita de sa belle contenance à l'Assemblée ; puis, en un ton de fermeté tranquille qui contrastait avec les agitations précédentes, il lui notifia sa volonté : il sanctionnerait le décret sur le camp de vingt mille hommes ; mais il frapperait de *veto* le décret sur les prêtres. Ainsi tout l'entretien de l'avant-veille n'avait été que malentendu, et le prince, à supposer qu'il eût un instant fléchi, paru fléchir, se ressaisissait. Dumouriez avait auprès de lui ses collègues. Tous ensemble ils insistèrent : « Sire, vous vous perdez », répétèrent-ils les uns après les autres. Un seul se montra un peu moins pressant, ce fut Mourgues. Le décret, ainsi qu'il l'écrirait plus tard, n'était « ni dans ses principes, ni dans son cœur », et il n'inclinait aux concessions que dans l'espoir d'atténuer les dangers du roi. Louis XVI fut inflexible. Il avait préparé une lettre pour le président. C'était le message qui annonçait la double résolution. D'un ton très péremptoire et où refluait même un souvenir du pouvoir absolu, le souverain dit à ses conseillers : « Je vous chargerai demain de cette lettre : réfléchissez-y ; l'un de vous la contresignera, et vous la porterez ensemble à l'Assemblée. » Les ministres étaient stupéfaits. Quand ils eurent repris possession d'eux-mêmes, Dumouriez dit au roi : « Votre Majesté n'a-t-elle rien de plus à nous ordonner ? — Non », répliqua brièvement le prince, avec cette gaucherie des faibles, qui souvent deviennent brusques quand ils veulent être résolus. Puis il se retira, tout étonné de son audace, et laissant ses ministres aussi surpris que lui. A résister, le roi avait quelque mérite. Il risquait son trône, sa liberté, sa vie peut-être. Tandis que les scènes qu'on vient de dire se succédaient aux Tuileries, voici ce qui se passait au faubourg Saint-Antoine :

Là-bas, depuis le commencement de juin, se débattait, dans un petit cercle d'agitateurs, le plan d'une manifestation populaire. Le chef était le brasseur Santerre, homme de taille élevée et de formes athlétiques, de voix tonnante et de rude éloquence, brutal de manières avec des intervalles de bonne humeur et de bonhomie, grand donneur de poignées de main, grand distributeur de bière, crédule et emporté, jovial et cynique, pénétré jusqu'à saturation du jargon révolutionnaire, attiré d'instinct par toute sédition. Officier dans la garde nationale et commandant du bataillon des *Enfants-Trouvés*, Santerre était devenu l'idole du faubourg et apparaissait comme l'homme fait à point pour haranguer et conduire les cortèges démagogiques. Autour de lui se groupaient quelques comparses : Fournier dit l'Américain, un Italien nommé Rotondo, le Polonais Lazowski, le boucher Legendre, puis un ouvrier orfèvre qu'on appelait Rossignol et qu'on retrouvera plus tard général dans les guerres contre la Vendée. Dans les conciliabules tenus tantôt chez Santerre, tantôt au Comité de la section des Quinze-Vingts, le dessein se précisa : les gens du faubourg Saint-Antoine, ralliant à eux ceux du faubourg Saint-Marcel, se réuniraient en cortège et, descendant à travers la ville, se rendraient à l'Assemblée, puis auprès du roi, afin de leur soumettre une pétition. La date serait celle du 2 juin, en mémoire du *Serment du Jeu de paume*. Les manifestants revêtiraient les uniformes et les armes qu'ils avaient portés en 1789. Tous ensemble, ils planteraient, en commémoration de l'anniversaire fameux, un *arbre de la liberté* sur la terrasse des Feuillants. La pétition, disait-on en termes vagues, serait « relative aux circonstances ». Quelles seraient ces circonstances, sinon le renvoi déjà connu des ministres patriotes, sinon le double *veto* déjà pressenti ? Telle était la trame ourdie dans les faubourgs. Déjà la rumeur se répandait dans la ville, et c'était ce bruit menaçant qui montait jusqu'au roi.

Il montait vers lui sans l'intimider. Après le conseil qu'on a raconté, Dumouriez était rentré au ministère. La journée s'avançant, plusieurs billets fort inquiétants lui parvinrent ; les conciliabules se multipliaient, disait-on, au faubourg Saint-Antoine ; des rassemblements s'y préparaient ; des événements graves, décisifs peut-être, s'annonçaient. Le général transmit ces nouvelles au château. N'y aurait-il pas de quoi faire fléchir le roi ? Le calcul — s'il y eut calcul — fut déjoué. Louis XVI crut voir dans ces avis, qui lui apprenaient peu de chose, une pression sur sa conscience. Il répondit avec une sécheresse qui ne lui était pas ordinaire : « Ne croyez pas qu'on parvienne à m'effrayer par des menaces ; mon parti est pris. »

Les autorités provinciales avaient méconnu le premier *veto*. Comment eussent-elles respecté le second ?

Tandis qu'à Paris se prépare et s'accomplit l'insurrection du 20 juin, la guerre religieuse se continue dans les départements.

Elle se continue sous des formes diverses, tantôt âpre et violente, tantôt masquée et sournoise, toujours se parant de liberté. Les administrateurs ont tous devant les yeux un modèle commun : ce sont les deux décrets, non sanctionnés, du 29 novembre et du 27 mai, mais ils se piquent d'être des traducteurs libres, non de serviles copistes ; et tandis que l'Assemblée se place au-dessus du droit royal, ils s'arrogent, eux, un autre droit, celui de retoucher l'œuvre de l'Assemblée elle-même. De la sorte apparaissent, disséminés sur tous les points du territoire, une foule de petits corps législatifs subalternes qui usurpent sur les députés comme ceux-ci sur le roi ; seulement ces usurpateurs sont en même temps esclaves ; car ils sont les serviteurs des clubs qui se disent le peuple.

Multiples sont les façons de proscrire. Là où règne encore le souci de séparer l'innocent du coupable, les administrateurs s'appliquent à ne procéder que par décisions individuelles et à n'éloigner de leur ancienne paroisse que les ecclésiastiques signalés pour leurs excès de zèle ou leur maladresse. En beaucoup de lieux, on épargne les prêtres non fonctionnaires et on laisse à leur poste les curés non remplacés. Ailleurs, au contraire, la mesure est générale, et tous les insermentés, sauf les vieillards et les infirmes, sont contraints à s'exiler des communes où ils ont exercé leur ministère. Dans les départements frontières, où le prêtre est surtout honni comme complice de l'étranger, les arrêtés administratifs relèguent les réfractaires à dix ou quinze lieues à l'intérieur, afin de déjouer toute intelligence avec l'envahisseur ; ainsi en est-il en Alsace.

Tel est l'état des provinces, sauf en une trentaine de départements demeurés fidèles à la Constitution. Une étude, même médiocrement attentive, permet de deviner les audaces croissantes de l'esprit persécuteur. De la confusion des arrêtés départementaux, une mesure générale se dégage, celle de l'internement. Entre plusieurs manières de tyranniser les consciences, celle-là semble aux clubistes la mieux faite à souhait. Mais elle ne les satisfait que provisoirement, et à la condition de franchir bientôt une autre étape. Qu'une nouvelle poussée des violents achève de déconcerter les timides, et, les liens se resserrant, l'internement deviendra emprisonnement. Cependant un mot a été prononcé, celui de déportation ; et ce mot a été inscrit dans un décret que le *veto* de Louis XVI tient seul suspendu. Que la fragile barrière de la volonté royale s'abaisse ou soit brisée, et toutes les routes vers la frontière, tous les ports de la Méditerranée et de l'Océan s'encombreront de prêtres fugitifs. Ils partiront en grand nombre, mais pas tous. Tout ce que la presse, tout ce que les clubs ont, depuis trois ans, semé d'excitations homicides a porté ses fruits ; et il ne manquera pas d'hommes pervers ou affolés, stupidement brutaux ou sanguinaires, pour intercepter aux proscrits la route de l'exil et se faire eux-mêmes justiciers. De là des meurtres qui se consommeront à Paris dans les prisons, en province dans les rues, sur les places publiques, aux croisements des chemins, dans les geôles de passage. *Internement, emprisonnement, déportation, massacres,* en ces quatre mots se marque la progression des infortunes qui vont s'abattre sur le clergé de France.

A l'époque où nous sommes, on n'est encore qu'à l'*internement*.

Sur les routes, on voit cheminer à pied ou en carriole des curés d'âge déjà mûr, de jeunes vicaires. Ils ont un léger bagage, leur bréviaire, quelques pièces d'or soigneusement mises de côté et une petite poignée d'assignats. Ils vont au chef-lieu. En quelle qualité ? Sont-ils des hôtes ? des surveillés ? des prisonniers ? Ils lisent, relisent l'arrêté départemental, sans y puiser beaucoup de lumière. Les magistrats locaux sont des persécuteurs encore novices, violents avec des retours débonnaires ; souvent aussi ce sont des persécuteurs honteux, ingénieux à se tromper eux-mêmes par des aspects de modération. Dans la Sarthe, l'arrêté affecte la forme d'une convocation amiable plutôt que d'un ordre : les prêtres sont invités à se rendre au chef-lieu : ils y resteront jusqu'au rétablissement du calme : nul châtiment n'est édicté contre la désobéissance : tout au plus les maires sont-ils exhortés à surveiller les récalcitrants. Dans la Mayenne, les administrateurs tiennent un langage plus acerbe, car ils prescrivent des appels, énumèrent des mesures coercitives ; mais ils prétendent se justifier par l'intérêt des victimes. « Nous leur offrons, écrivent-ils, un asile assuré lorsque, chassés de toutes parts, ils ne savent où résider. » Dans le Doubs, le directoire procède par décisions individuelles qui n'atteignent d'abord que soixante-deux ecclésiastiques.

Donc, les prêtres arrivent, ne sachant ce qu'ils doivent attendre de mansuétude ou de rigueur. Au Mans, ils ont retenu toutes les pièces d'une vaste maison religieuse qu'on appelle *la maison de la mission*. Ils s'y installent au nombre de cent trente, en locataires paisibles bien plus qu'en reclus. Le premier aménagement n'a rien de pénible : ils se reconnaissent, échangent les nouvelles, voisinent de chambre en chambre, comme ils faisaient jadis quand ils se retrouvaient aux retraites annuelles du séminaire. A Toulouse, ils sont les hôtes des familles pieuses, et pareillement à Laval et à Angers. A Besançon, ils sont recueillis, dit un document contemporain, par « de bonnes personnes » ou bien encore se rassemblent en une auberge très hospitalière, à l'enseigne de l'*Ecu de Morteau*.

Par leur nombre, par la singularité de leur condition, il est impossible que tous ces prêtres, entassés en un même lieu, passent inaperçus. Ils débordent dans le cadre de la ville, souvent petite, où l'on a voulu les tenir enfermés. Sur eux se pose l'auréole des confesseurs ; les catholiques les fêtent, et les débris des honnêtes gens les saluent. A Laval, où ils sont quatre cents, plusieurs d'entre eux, par le rang, le mérite ou la naissance, attirent particulièrement les regards : tel M. de Hercé, évêque de Dol, et destiné à tomber plus tard dans les guerres civiles ; tel le vicaire général de Vauxponts qui, naguère élu évêque de la Mayenne a refusé l'épiscopat constitutionnel ; tel l'abbé de Cheverus, destiné dans l'avenir aux plus hautes dignités et déjà renommé par sa précoce sagesse. Autour de ces chefs, se range toute la colonie proscrite. Loin de faiblir, on s'encourage à la constance, et l'un des premiers actes est de rédiger une adresse collective de fidélité au souverain pontife. Ce qui s'observe à Laval se retrouve en bien d'autres départements. Les appels quotidiens, répétés souvent deux fois, entravent la liberté, mais sans la supprimer. En dépit de l'éloignement, les internés gardent contact avec leurs ouailles. Les jours de foire ou de marché, les paysans, les paysannes surtout, s'enquièrent de leurs pasteurs. Ils parviennent à les découvrir, pénètrent jusqu'à eux, leur communiquent les nouvelles, emportent leurs instructions. Cependant, il y a là-bas, au village, de pauvres gens qui sont retenus à leur foyer, des malades surtout, torturés des affres de la mort, et ayant soif des consolations divines. L'internement, à ce début, n'est pas tellement étroit que la surveillance ne puisse être déjouée. A la faveur des ténèbres, des émissaires fidèles vont chercher les prêtres ; ils les emmènent au galop de leurs chevaux jusqu'au chevet des vieillards et des mourants ; puis en une course de plus en plus précipitée, — car déjà se dissipent les ombres des courtes nuits de juin, — ils les reconduisent jusqu'à la ville. Tous reviennent-ils ? Il en est qui ne résistent pas au village retrouvé, à la liberté reconquise : aux appels on constate des manquants. Il y a ceux qui s'échappent ; il y a ceux qui ne sont jamais venus. A Besançon, plus de la moitié des prêtres appelés au chef-lieu se dérobent aux sévérités administratives.

Les clubistes ont commandé les rigueurs. Ils s'indignent de leur prévoyance déjouée. Ils ont cru abattre les *fanatiques* : voici que dans les villes où ils les ont entassés, ils sont comme submergés par eux. Ils réclament un surcroît de sévérités, des appels supplémentaires, des gardes autour des demeures, la surveillance étroite des visites et des correspondances. Cependant les plus résolus s'avisent que la meilleure des garanties est encore le verrou d'une prison. Déjà quelques directoires, comme celui du Finistère, ont fait enfermer les prêtres réputés factieux. L'exemple ne pourrait-il pas se généraliser et surtout s'étendre à tous les insermentés ? Et c'est de la sorte que, de sommation en sommation, les meneurs des *Sociétés populaires* vont, en plusieurs régions, imposer, après l'internement, la captivité.

Ils l'imposent le plus souvent par violence aux autorités affolées. Ce même mois de juin, témoin à Paris de l'humiliation royale, éclaire dans les provinces toutes sortes de petits coups d'État ignorés qui tous ont pour objet l'emprisonnement des prêtres.

A Angers, la scène se passe le dimanche 17 juin, jour de l'octave de la Fête-Dieu. La semaine précédente s'est tenue la grande foire annuelle dite *Foire du sacre.* A cette occasion, les paysans, venus de toutes les paroisses, ont afflué vers la ville. Ils se sont mis à la recherche de leur curé, ont reçu ses exhortations ; puis ils sont repartis, fortifiés dans la fidélité. De là chez les patriotes un surcroît d'irritation. Les internés, qui sont au nombre de plus de quatre cents, doivent, chaque matin à dix heures, se rendre en une maison, dite *maison Saint-Aubin,* pour y répondre à l'appel de leur nom. Le 17 juin, au moment où ils sont rassemblés, une foule de gardes nationaux, en uniforme et en armes, font irruption, cernent la maison, font rafle des prêtres, et, de leur propre autorité, les enferment au petit séminaire. A la nouvelle du tumulte, le maire survient. « Avez-vous une réquisition ? dit-il aux meneurs de l'attroupement. Quels ordres avez-vous reçus ? Quels sont vos chefs ? » — « Nous sommes tous chefs, répondent tous ensemble les gardes nationaux. » Et ils ajoutent insolemment : « Nous savons bien nous commander nous-mêmes. » — « Retirez-vous, leur ordonne le maire avec un commencement d'irritation. » Mais ils couvrent sa voix : « Vive la nation, clament-ils, vive la liberté ! » A son tour, le directoire départemental est avisé. Il se rassemble, très ému, très perplexe. A coup sûr il déteste, autant que personne, les fanatiques ; d'un autre côté, il juge, suivant ses propres expressions, « tout ce tumulte bien inconstitutionnel ». En une longue conférence, il débat avec la municipalité la décision à prendre. Volontiers, il opinerait pour l'élargissement des détenus, tant lui paraît scandaleuse l'illégalité ! « Y pensez-vous, répliquent les officiers municipaux ? Quel ne serait pas le péril de braver le peuple ! » Longtemps on discute. La résolution est remise au jour suivant. La nuit n'apporte que des conseils de faiblesse, et le lendemain, le directoire se décide à capituler. En un arrêté assez longuement motivé, il improuve la conduite des « citoyens armés » ; mais il juge que, « vu l'effervescence des esprits, la sûreté indivi-duelle des prêtres détenus serait évidemment compromise s'ils étaient plus longtemps dans la ville ». Il ajoute, en un aveu ingénu d'impuissance, que remettre les ecclésiastiques en liberté, « ce serait exposer les citoyens et gardes nationaux à une seconde vio-lation de la loi ». En conséquence il invite les détenus « à demeurer dans la maison du petit séminaire sous la sauvegarde de la loi ». Y demeureront-ils comme prisonniers ou bien comme protégés ? La fin de l'arrêté laisse l'esprit indécis entre une faveur et un châtiment ; car on promet aux prisonniers « une garde établie pour la sécurité de leurs personnes ». Cependant tant de faiblesse semble appeler, comme par compensation, un retour de fermeté. Le directoire se décide à être ferme, mais contre les victimes. Toutes affaires cessantes, il envoie des ordres pour que, de tout le département, les prêtres retardataires ou rebelles se rendent dans les trois jours au petit séminaire ; passé ce délai, ils y seront contraints par la garde nationale et la gendarmerie. Ainsi parle le misérable directoire.

En une autre partie de la France, à Dijon, même explosion de violence, mêmes agents de désordre, et aussi mêmes victimes. Là-bas, tandis que se colportent les nouvelles de la guerre, le bruit se répand que des prêtres émigrés ont été vus combattant dans les rangs ennemis. Sur la foi d'un journal, la rumeur terrible s'accrédite. De là, pour les gardes nationaux de Dijon, l'occasion de faire, eux aussi, leur coup d'État. Dans la nuit du 18 au 19 juin, ils se répandent dans la ville, envahissent les demeures des réfractaires, les traînent, au nombre d'une soixantaine, jusqu'au dépôt de la maison commune, et les y enferment. Ni l'âge, ni la maladie, ni le respect public ne préservent des avanies. Parmi les prêtres arrêtés, on compte un chanoine de quatre-vingt-quatre ans, ancien président de l'Académie de Dijon, depuis deux ans infirme, et que les persécuteurs arrachent de son lit pour le joindre à ses compagnons. Au bruit de l'attentat, officiers municipaux, membres du district et du directoire départemental se réunissent. Il semble que, pour maintenir la légalité, le bon vouloir ne leur manque point. Mais naïvement, ils confessent leur impuissance. Pour rétablir l'ordre, il leur eût fallu convoquer la garde nationale. Or, ajoutent-ils en une lettre au ministre de l'intérieur, les citoyens qui viennent d'opérer les arrestations sont précisément les gardes nationaux. L'intervention des magistrats se réduit à adoucir la détention, c'est-à-dire à transférer du dépôt au séminaire les malheureux prêtres. Là ils demeurent prisonniers pendant quinze jours, jusqu'à ce qu'enfin les passions s'apaisent. Alors la nuit, furtivement, et le bien se faisant comme s'accomplit le crime, on réussit à les mettre en liberté.

Le 17 juin, les gens d'Angers ont fait leur révolution et le 19 les gens de Dijon. Le 20 juin, c'est le tour de ceux de Laval. Eux ne s'habillent pas en gardes nationaux et, pour être obéis, jugent suffisant de parler au nom du club. A deux reprises déjà, ils ont manifesté contre les *fanatiques* : à la fin de mai, ils ont demandé

que l'internement s'appliquât, même aux curés non remplacés ;
quinze jours plus tard, ils ont formulé une pétition pour que tous
les insermentés fussent mis en lieu sûr. Ils ne sont pas nombreux :
la première adresse porte quarante-trois signatures, la seconde
quatre-vingt-treize. Le 20 juin ils renouvellent leur sommation.
Cette fois, ils ont réussi à grouper autour d'eux près de trois cents
personnes. Timidement les administrateurs se défendent : « Une
réclusion générale, objectent-ils, est injuste. — La mesure a été
prise dans le Maine-et-Loire, répliquent les clubistes. — Ne pourrait-on pas établir des catégories ? — Une demi-sévérité, répondent les pétitionnaires, serait impuissante. » Puis, se fortifiant de
toute la faiblesse des magistrats, ils ajoutent : « Le peuple déso-
béirait. » Le directoire n'a plus qu'à obéir : ainsi fait-il. Dans le
rapport où il a consigné sa soumission, on lit ces lignes : « Nous
cédâmes et nous décidâmes de renfermer les prêtres, sauf les
infirmes et les malades, dans les communautés des Cordeliers et
des Capucins. »

Sur ces entrefaites, on connut l'événement du 20 juin : l'envahissement des Tuileries.

Ce qui devait avilir l'autorité royale parut sur l'heure la relever.
Sous l'indignation, ce qui restait de loyalisme monarchique se
réveilla comme en sursaut. Dans les provinces, les administrateurs,
les magistrats avaient, pour la plupart, embrassé avec chaleur la
cause de la Révolution : infime était le nombre de ceux qui eussent
imaginé la France sans roi. Dès la première nouvelle de l'attentat,
les corps administratifs d'Amiens se réunirent, flétrirent l'esprit
de faction, offrirent le concours de la garde nationale, décidèrent
d'envoyer à Paris deux députés qui porteraient à Louis XVI le
témoignage de la douleur publique et rendraient compte des événements. En termes véhéments et émus, les administrateurs de
l'Aisne demandèrent vengeance pour « l'exécrable journée du
20 juin ». Les jours suivants, les adresses affluèrent sur le bureau
de l'Assemblée, adresses de fidélité à la loi, de réprobation contre

le désordre. Il en vint le 24 juin du département de l'Eure, le 27 de l'Indre, le 29 des Bouches-du-Rhône, de la Drôme, de l'Yonne, du Pas-de-Calais, le 3 juillet du Gard et de la Manche. On affirme que, sous une forme plus ou moins explicite, soixante-dix à soixante-quinze directoires départementaux adhérèrent à la politique d'ordre. Puis il y eut les protestations collectives des citoyens, citoyens du Havre, de Rouen, de Caen, d'Abbeville, de Péronne, de Carcassonne. Négociants, marchands, banquiers, avocats, gens de bourse ou gens de lettres, tous ou presque tous dans Paris s'indignaient des récentes violences, jugeaient que tous les fruits de la Révolution avaient été cueillis, redoutaient des excès qui ramèneraient par réaction l'ancien régime. Pour imposer leur volonté, les forces ne leur manquaient pas. L'état-major de la garde nationale était entre leurs mains. Dans les bataillons des quartiers riches ils dominaient ; dans les autres, ils comptaient de nombreux concours. Sur ces entrefaites, deux anciens constituants, Guillaume et Dupont de Nemours, rédigèrent une pétition contre les fauteurs de désordre, en déposèrent des copies chez les notaires de la capitale, invitèrent tous les vrais patriotes à y adhérer. La pétition, dont les signatures couvraient deux cent quarante-sept pages, fut désignée plus tard sous le nom de *pétition des vingt mille*, bien qu'il s'en fallût de beaucoup que ce nombre eût été atteint. Dans le même temps, le département de Paris, qui avait ordonné une enquête sur les responsabilités du 20 juin, poursuivait sa tâche avec un rare courage. Cependant, si l'on voulait saisir les vrais auteurs des troubles, c'était dans les clubs qu'il fallait les chercher. Le 25 juin, à l'Assemblée, le représentant Delfau osa dénoncer la *Société des Jacobins*.

Je n'ose prolonger ce tableau, tant il est décevant ! Tous ces hommes sages recélaient en eux une grande faiblesse, celle qui naissait de leurs scrupules. Même dans l'extrémité du péril, ils s'obstinaient à se nommer les *constitutionnels*, champions d'une constitution qui n'était bonne qu'à fixer l'anarchie. En face d'adversaires pour qui toutes les armes étaient bonnes, ils croyaient à l'ascendant des raisons, à l'efficacité des écritures et, selon l'expression de Mallet-Dupan, eussent volontiers laissé aux imprimeurs le soin de les venger. De leur modération naissait une autre infériorité. Gens de juste milieu, ils prenaient contact avec tout le monde, mais sans lier fortement partie avec personne ; aux points extrêmes tout leur échappait, et, tandis que les révolutionnaires les flétrissaient comme *Feuillants*, la Cour, toujours aveuglée, les répudiait comme *libéraux*. Leur éducation, leurs habitudes, leurs lumières même énerveraient encore leur énergie. Pour entreprendre vite et pousser à fond les entreprises, il faut ou des esprits très simplistes qui, par empire de bon sens ou tradition d'obéissance, ne s'attardent pas aux disputes, ou des âmes très croyantes qui regardent vers Dieu.

Sur l'heure même, une circonstance s'offrit qui montra toutes ces fragilités. La Fayette était à son camp sous Bavay quand il avait appris la journée du 20 juin. Après avoir assuré la sécurité de son armée, il avait quitté son bivouac. Le 28, il arriva dans Paris. Le jour même, il se présenta devant l'Assemblée et y réclama le châtiment des fauteurs de troubles. Sa vue ranima tous ceux qui espéraient encore sauver l'ordre avec la liberté ; et ce retour se marqua par de chaleureuses acclamations. Rentré chez lui, le général résolut de mesurer ses forces. Justement, le lendemain 29 juin, une revue de la garde nationale devait être passée par l'un des chefs de légion, Aclocque, citoyen intègre et sujet fidèle. La Fayette décida de s'y rendre, de haranguer la milice civique, d'essayer son ancienne popularité. Si un homme pouvait rallier les constitutionnels, c'était lui. Il avait leur désintéressement, leur générosité ; il avait aussi leur prévoyance un peu courte, leur incohérence d'idées, leurs aspirations contradictoires, en sorte que tout le parti se mirait en lui. Ici apparut la faiblesse de ceux que les révolutionnaires nommaient les *Feuillants* et qui s'appelaient eux-mêmes les modérés. Pétion, averti des projets du général, contremanda la revue. Qui l'avait avisé ? La reine, à ce qu'on a prétendu ; et cette assertion paraîtrait incroyable si l'on ne savait l'obstination des rancunes de cour contre l'homme du 6 octobre, contre celui qui, après Varennes, avait mis la royauté aux arrêts. Mal soutenu ou combattu sous main par ceux qu'il venait défendre, La Fayette se tourna vers ses amis personnels. Il les rassembla chez lui aussi nombreux qu'il put, et par leur entremise convoqua pour le soir ses partisans aux Champs-Élysées. Il vint une centaine d'hommes, et ce fut tout. Sans se décourager on s'ajourna au lendemain, et on se promit que, si l'on était trois cents, on marcherait sur le club des Jacobins. Au rendez-vous on se trouva, non pas trois cents, non pas même cent comme la veille, mais trente. Incontinent, La Fayette repartit pour l'armée, emportant avec lui les regrets de tous les serviteurs clairvoyants de la monarchie. « Il portait le drapeau royaliste de travers, a dit de lui M. de Vaublanc, mais enfin il le portait. »

Dès lors, les hommes d'ordre, un instant coalisés par excès d'indignation, se débandèrent ; et tous les projets s'abîmant dans un grand découragement d'oser, Girondins et Montagnards — ceux-ci traînant ceux-là — purent tout à leur aise abattre, tantôt une à une, tantôt par masse, les pierres déjà descellées de l'édifice monarchique.

Il fallait d'abord, le coup du 20 juin ayant manqué, reprendre et poursuivre en détail l'avilissement de l'autorité royale. Rien ne fut négligé pour ce dessein. Sous l'inspiration des clubs, les pétitions des constitutionnels se trouvèrent bientôt noyées dans le flot des pétitions contraires ; et très publiquement le mot de *déchéance* se prononça.

Pour frapper la royauté, l'arme la plus sûre, la plus perfide aussi, serait d'affirmer la complicité de la Cour avec l'étranger. Des provinces du Nord arrivaient des nouvelles fâcheuses : Luckner avait dû se replier sur Valenciennes et Lille. Ce qui aiguisait l'inquiétude, c'était l'attitude de la Prusse, décidément alliée à l'Autriche. Le 3 juillet, du haut de la tribune, Vergniaud évoqua les dangers de la patrie. Qui était le coupable ? Le roi. En une

JOURNÉE DU 10 AOUT 1792, dessin de Monnet.

DISTRIBUTION DES ARMES AUX SEPTEMBRISEURS, TANDIS QUE, DANS LA COUR, DES PRÊTRES SONT JETÉS PAR LES FENÊTRES ET MASSACRÉS

série d'insinuations terribles, il montra Louis XVI observant la lettre de la Constitution et conspirant au fond de son palais contre cette même Constitution ; développant le long des frontières un fragile rideau de forces, juste assez pour être vaincu ; poursuivant un double rôle, en secret celui d'agent de l'étranger, en public celui de roi patriote. A Vergniaud succéda Mathieu Dumas. Tout ce que peut dire un bon citoyen, il le dit pour calmer les passions, concentrer tous les efforts vers la défense nationale. Mais on oublia Mathieu Dumas qui n'était que sensé pour ne retenir que Vergniaud qui était éloquent. Et de plus en plus une idée se grava, celle que l'ennemi le plus redoutable était celui de l'intérieur.

On s'était accoutumé à compter sur la faiblesse de Louis XVI. Cependant, il avait prouvé le 20 juin que le péril ne l'effrayait pas. A l'heure suprême, on pouvait craindre chez ce prince débonnaire un réveil de race, un ressaut de fierté. Il y avait prudence à briser toute force entre ses mains. L'état-major de la garde nationale était attaché à la politique constitutionnelle : le 6 juillet, un décret le licencia. Le 15 juillet, un autre décret ordonna que toutes les troupes de ligne fussent éloignées de Paris. Le 16 juillet, on décida que le corps de la gendarmerie à pied serait refondu, et qu'on y ferait entrer les « hommes du 14 juillet » ainsi que les anciens soldats des gardes françaises « connus par leur zèle dans les combats pour la liberté ».

Il ne suffisait pas de désarmer le roi ; il fallait armer les factieux. Déjà on y avait pourvu. Louis XVI avait naguère opposé son *veto* au décret sur la formation, sous Paris, d'un camp de vingt mille fédérés. En dépit de la défense royale, plusieurs municipalités avaient mis en route leur contingent. La motion fut reprise à l'Assemblée, quoique en d'autres termes. On ne parla plus de fédérés, mais seulement « de citoyens amenés à Paris par amour de la liberté ». Il fut stipulé que ces volontaires ne feraient que séjourner dans la capitale, puis seraient dirigés sur Soissons. Amendé de la sorte, le décret fut sanctionné. Ainsi furent légalisés les rassemblements où se mêleraient aux vrais soldats de redoutables brigands qui, une fois entrés dans Paris, n'en sortiraient plus.

Comme le mois de juillet s'avançait, on signala l'approche, puis l'arrivée des contingents. Le 14, jour où l'on commémorait la Bastille prise, l'émeute menaça, mais n'éclata point. Nouvelle alerte le 21, puis dans la nuit du 26 au 27. Dans l'entrefaite, le décret qui proclamait la *patrie en danger* fut promulgué dans Paris. Des officiers municipaux, un drapeau en tête, se répandirent dans la ville ; de temps à autre ils s'arrêtaient et lisaient l'acte de l'Assemblée. Aux carrefours, des tréteaux avaient été dressés, avec une table pour y recevoir les engagements. Aux jeunes gens qui allaient s'inscrire, des voix criaient : « Commencez par vous débarrasser des gens de cour, des officiers nobles qui trahissent, des fanatiques qui sont de cœur avec l'ennemi. » Et les mêmes hommes montraient du geste la direction des Tuileries.

La plus grande hardiesse serait de préparer d'avance une autorité directrice de l'insurrection. Cet excès d'audace ne manqua point. Tous les pouvoirs, abolis, énervés ou méconnus ailleurs, se fixaient dans les quarante-huit sections, ces anciennes assemblées électorales, organisées par quartiers et transformées par déviations sucessives en corps politiques. Depuis le décret sur la *patrie en danger*, elles avaient été décrétées permanentes. Moitié peur, moitié découragement, les gens d'ordre les avaient depuis longtemps désertées. En revanche, quelques hommes s'y étaient installés, et, à l'exclusion de tous autres, se nommaient le peuple. Là étaient les chefs de la démagogie, ceux qui communiquaient avec la garde nationale des faubourgs, acclamaient les fédérés, inspiraient les journaux, correspondaient avec le club des Jacobins et celui des Cordeliers. Or, ces hommes avaient imaginé de nommer eux-mêmes des délégués, qui s'établiraient à l'Hôtel de Ville, recueilleraient et transmettraient les nouvelles, feraient prévaloir les prétendus vœux des sections. Ainsi s'installa dans la Maison Commune une sorte de corps extra-légal, tout voisin de la municipalité, siégeant près d'elle, délibérant près d'elle, et qui n'aurait, au jour de l'émeute, qu'une porte à franchir pour la supplanter.

La fin de juillet approchait ; on vit arriver les derniers contingents de fédérés. Parmi ceux de l'Ouest on distinguait les gens de Brest. Du Midi, un autre bataillon était annoncé. Il venait de Marseille, et quoiqu'il contînt dans ses rangs plusieurs jeunes hommes de famille notable, il reflétait en lui les plus âpres passions révolutionnaires ; avec un mélange d'étonnement et d'effroi, les paysans du Dauphiné, du Lyonnais, de la Bourgogne les avaient vus passer. Chemin faisant, ils chantaient un hymne patriotique composé naguère par Rouget de l'Isle et qui, répété et modifié par eux, se vulgarisa sous le nom de *Marseillaise*. Le 29 juillet les Marseillais atteignirent Charenton, et le soir entrèrent dans Paris. La municipalité les logea d'abord au faubourg Poissonnière. Les jours suivants, ils s'établirent au cœur de la ville, c'est-à-dire à pied-d'œuvre pour l'émeute, tout près du club des Cordeliers.

Coup sur coup, ces nouvelles arrivaient dans les départements. Au lendemain du 20 juin, tous les modérés, tous les constitutionnels avaient, en des protestations vibrantes, exhalé leur colère. Voici que, se sentant abandonnés, ils supputaient le danger de leur énergie, aspiraient à reprendre leur signature, songeaient à apaiser par quelques gages ou du moins à calmer par leur silence ceux qui, décidément, seraient demain les maîtres. Ainsi se débandèrent par découragement ou par peur ceux qui jusque-là avaient défendu l'ordre public.

On vit alors les mauvais devenir pires et beaucoup de bons eux-mêmes, par excès de tremblement, devenir mauvais.

Il fallait plaire aux clubs. Quel moyen plus sûr de leur plaire que de livrer les prêtres ? C'est ainsi que l'histoire politique exerçait ses répercussions sur l'histoire religieuse, en sorte qu'on ne saurait raconter celle-ci sans toucher à celle-là. On peut dire que l'histoire de l'année 1792, jusqu'à la chute de la monarchie, gravite en grande partie autour de la question du *veto*.

Du haut de la tribune, un geste très direct avait d'ailleurs marqué aux indécis leur orientation. Vergniaud, en sa harangue du 3 juillet, avait solidarisé la lutte contre les prêtres avec la lutte contre l'ennemi. A son discours il avait soudé un projet de décret, rendant les agents de l'autorité responsables « de tous les troubles dont la religion serait le prétexte » et qui paralyseraient ou entraveraient la défense.

Donc les directoires, modérés jusque-là, inaugurèrent les vexations. Ceux qu'avait déjà gagnés l'esprit d'intolérance renforcèrent les mesures persécutrices. Je note des arrêtés contre les prêtres le 28 juin dans le Morbihan, le 18 juillet dans la Corrèze, le 22 juillet dans le Calvados, le 26 juillet dans l'Ariège. En plusieurs endroits les rigueurs se tempèrent encore de quelques arrière-regrets. Dans la Corrèze, les administrateurs, après avoir ordonné l'internement des réfractaires, à Tulle au couvent des Récollets, à Beaulieu au monastère des Bénédictins, recommandent aux municipalités de ces deux villes une application indulgente de l'arrêté. « Les insermentés, ajoutent-ils, sont encore plus malheureux que coupables. » Mais la peur rend de plus en plus rares ces conseils de clémence. La persécution se propage même dans les régions où l'aménité des mœurs et la mollesse des croyances ont jusqu'ici maintenu une paix sceptique et tranquille. Ce n'est plus seulement en Bretagne, en Alsace, en Flandre, dans les Cévennes, dans le Midi que sévit la guerre religieuse. Elle gagne jusqu'à la douce Touraine, et de la fin de juillet au milieu d'août 1792, cent quatre-vingt-quatorze prêtres venus de tous les points du département sont internés à Tours.

C'est en ces jours qu'on vit les premières tueries de prêtres. Pour les démagogues criminels qui s'agitaient dans les bas-fonds des clubs, ce fut la façon de célébrer la fête de la Fédération. Je note un prêtre assassiné à Limoges le 14 juillet, un à Clairac le 15 juillet, plusieurs dans les mêmes jours à Marseille, plusieurs aussi dans l'Ardèche, enfin un peu plus tard, quatre autres à Manosque. On ne rapportera ici qu'une seule de ces scènes de sauvagerie, celle qui se passa le 15 juillet à Bordeaux. Traqués par les dénonciateurs, beaucoup d'ecclésiastiques s'étaient réfugiés dans les villes, avec l'espoir de s'y terrer. Bordeaux, pendant l'été de 1792, renfermait, à ce qu'on assure, près de deux mille insermentés. Où les infortunés s'étaient flattés de trouver la paix, ils avaient rencontré des délateurs aussi vigilants et plus cruels que tous les espions ruraux. Écrits, caricatures, pétitions, rien n'avait été négligé pour exciter les colères. Il fallait, disait-on dans les clubs, extirper la « vermine sacerdotale », se débarrasser de ces « pestes publiques », « aller vendre tous ces fanatiques au roi de Maroc ».

Parmi les prêtres, l'un des plus suspects était le vicaire général Langoiran. Dès le début de la Révolution, l'envie l'avait dénoncé : car il appartenait à la bourgeoisie la plus haute, était dignitaire du chapitre de Saint-André, conseiller de l'Université, professeur de théologie, official métropolitain, égal d'ailleurs à tous ces titres par son mérite, sa charité, sa vertu. Les clubs le redoutaient : on n'ignorait point en effet que l'archevêque, M. de Cicé, en partant pour l'exil, l'avait investi de sa confiance et que les non-conformistes suivaient volontiers ses directions. Enfin, il avait combattu par ses écrits la *Constitution civile* et par là avait ameuté contre lui les assermentés.

Plusieurs fois menacé et poursuivi, l'abbé Langoiran, à l'approche de la fête de la Fédération, s'était retiré dans la banlieue de Bordeaux, à Caudéran. En ce lieu, il vivait caché, en compagnie de deux autres prêtres, l'abbé Dupuy, bénéficier de Saint-Michel, et un religieux de l'ordre des Carmes, âgé de quatre-vingts ans, le père Pannetié. Cependant cette retraite n'avait pas plus dépisté les recherches qu'elle n'avait désarmé les haines.

On le vit bien à ce qui suivit. Le 15 juillet, à la pointe du jour, une bande de gens armés firent irruption dans la maison, se saisirent des trois suspects, les traînèrent devant la municipalité, puis devant le juge de paix. « Je ne vois contre ces hommes, dit le magistrat, aucun sujet d'accusation. » Les bandits ne voulurent rien entendre et, toute justice faisant place à l'arbitraire, déposèrent à la prison ceux qu'ils avaient arrêtés. Pendant douze heures, les prêtres demeurèrent enfermés, cherchant à s'édifier mutuellement, et se rappelant, pour se fortifier, l'exemple des apôtres qui se réjouissaient d'avoir été trouvés dignes de souffrir des outrages pour Jésus. L'abbé Langoiran se confessa à l'un de ses compagnons. Comme il avait en dépôt quelques sommes pour la subsistance de ses confrères pauvres, il en dressa le relevé au crayon et remit la note au père Pannetié afin que celui-ci, s'il était sauvé, pût répartir les secours où ils devaient aller. Le soir approchait. Nul ne venait. Un instant les captifs purent se croire oubliés. L'espoir fut court. Comme sept heures sonnaient, ils furent extraits de leur prison, dirigés vers le Département. Pendant la journée, les meneurs des clubs n'avaient rien négligé pour exaspérer. Sur les murs, ils avaient affiché des placards avec ces mots : « Langoiran est arrêté ; on le transférera ce soir de Caudéran à Bordeaux. On le recommande aux bons patriotes. » Et les « bons patriotes » se trouvaient en effet sur la route, et tandis que les victimes étaient traînées vers l'hôtel du Directoire départemental, ils criaient, échelonnés le long du chemin : Mort, mort à Langoiran !

Tout conspirerait contre les infortunés, et en particulier l'éloignement de toute autorité légale. Justement ce jour-là avait été choisi pour la plantation d'un arbre de la liberté. La solennité devait avoir lieu le soir. A l'invitation de la municipalité s'étaient rendus tous les corps administratifs; l'attention était aux harangues, et autour de l'arbre symbolique paradait la meilleure partie de la garde nationale. Cependant il se trouva que, soit ennui de la cérémonie, soit vague avis de quelques troubles, l'un des membres du district du nom de Bernada et deux des membres du directoire départemental, Monbalon et Mandavy, quittèrent l'estrade officielle avant que la fête se terminât. Bernada arrivait sur la place Saint-André quand, au pied du clocher de Peyberland, un homme courut à lui et lui jeta ces mots : « On vient d'assassiner un prêtre dans la cour du Département. » De son côté, Mandavy atteignait la *maison d'administration* quand une femme l'aborda : « On a tué, lui dit-elle, deux prêtres ; un troisième qu'on cherche s'est réfugié en haut du grand escalier. » Quant à Monbalon, en approchant de l'hôtel du directoire, il aperçut un grand rassemblement ; il crut d'abord que toute cette foule était réunie dans l'attente des dépêches officielles ; en effet, un courrier extraordinaire venait d'arriver de Paris. Son illusion ne dura pas. Bientôt il entendit des cris de joie, puis ces mots : « Il est enfin mort d'un coup de sabre qui l'a achevé. — Qui donc est mort ? interrogea, anxieux, Mandavy. — L'abbé Langoiran », lui répondit-on ; et la même voix ajouta : « D'autres prêtres seront bientôt expédiés. »

Tout s'éclairait d'une lumière sinistre. Les détestables excitations avaient porté leurs fruits. Dans la cour du directoire où les prisonniers avaient été conduits, une foule furieuse avait fait irruption. Langoiran avait été terrassé, puis percé de coups, enfin décapité. L'abbé Dupuy avait été pareillement immolé. Seul le père Pannetié était parvenu à se dérober, et c'était lui que les plus féroces s'obstinaient à découvrir.

Le seul effort serait désormais de sauver l'infortuné religieux. Le pourrait-on ? Le gros de la force publique était ailleurs. Trois ou quatre hommes seulement prêchaient le calme. Mandavy, Bernada essayèrent mais inutilement de s'interposer. « Donnez-nous le troisième prêtre, vociférait l'un des furieux ; il faut le tuer comme les deux autres. » Monbalon était parti pour chercher du secours. Il rencontra quatre cavaliers de la garde soldée. L'aide était insuffisante. Cependant, là-bas, en un autre quartier de la ville, on avait enfin achevé d'honorer l'arbre de la liberté. Le cortège officiel revenait, précédé de la garde nationale. Mandavy aborda l'un des chefs, le requit de lui prêter main-forte ; celui-ci se hâta avec ses hommes, et la cour du Département fut dégagée.

Privés de leur troisième victime, les meurtriers se dédommagèrent sur les cadavres. Ils les avaient décapités. Jusqu'à deux heures du matin, ils promenèrent à travers les rues les deux têtes

ainsi que l'un des troncs. A grand'peine, les autorités parvinrent
à retrouver les corps et à les mettre, comme dit un rapport, « en
lieu sûr », en attendant l'inhumation. Cependant la nuit s'acheva
sans nouveau crime. Alors les mêmes membres du directoire départemental, dont l'absence si inopportune avait laissé s'accomplir
tant d'horreurs, recouvrèrent toute leur assurance. Ils rédigèrent
une adresse au peuple ; puis dans un rapport aux ministres, ils
s'exprimèrent en ces termes : « Nous ne taririons pas en éloges
sur le chef de la garde nationale qui est accouru et qui, presque
seul, est parvenu à nettoyer la *maison d'administration* de la foule
qui l'assiégeait et qui demandait le troisième prêtre. » Enfin, dans
le procès-verbal où ils relatèrent l'événement, les corps administratifs proclamèrent, comme on eût fait après un succès, que « la
tranquillité publique ne courait aucun risque ».

Tandis que ces troubles agitaient les provinces, à Paris tout
achevait de s'abîmer.

Un jour, dans l'Assemblée, à la voix de l'évêque Lamourette,
tous les partis avaient juré d'oublier leurs querelles ; on s'était
embrassé et, à la manière du temps, on avait versé des larmes.
La réconciliation avait duré ce que dure une idylle. La droite,
diminuée par les absences et les désertions, ne comptait plus que
quarante à cinquante membres. Même parmi les plus vaillants, on
nota des démissions : le 26 juillet celle de Daverhoult, le 30 celle
de Jaucourt. Au centre refluaient, dans un pêle-mêle déjà terrifié,
les conservateurs honteux, tous attentifs à brouiller leurs traces
et à se sauver à force de se faire petits. Montagnards et Girondins,
quoiqu'ils ne fussent pas les plus nombreux, étaient les vrais
dominateurs. Ils avaient pour clients — pour clients appelés demain
à devenir des maîtres — les délégués des sections, les fédérés.
Les jours de grande séance, tous ces gens non seulement s'entas-
saient dans les immenses tribunes de l'Assemblée, mais encore
obstruaient les cours, encombraient les corridors, et se tenaient
assis ou debout sur l'entablement des hautes fenêtres. De là ils

fixaient les bancs déjà fort dégarnis où siégeaient les représentants de la droite et, à la sortie, les dénonçaient à la foule. « Ce sont, clamaient-ils, des ennemis du peuple, des *Feuillants*. » Ils ajoutaient surtout : « Ce sont des Fayettistes », car La Fayette concentrait alors sur son nom toutes les haines démagogiques. « Ah ! disait un jour Mathieu Dumas à un de ses voisins, sans La Fayette, tous ces fédérés ne seraient pourtant point ici. »

En dépit des apparences contraires, quelques députés demeuraient qui se refusaient à désespérer. Mais quel n'était pas leur embarras ! Ils étaient tenus de paraître soutenir la Constitution qu'ils jugeaient impraticable. Odieux à la démagogie, ils se sentaient suspects à la Cour. Que s'ils parvenaient à formuler quelque motion virile, ils se heurtaient aussitôt à ceux de leurs collègues qui siégeaient à la lisière des centres. Ceux-ci, incapables de rien proposer, devenaient tout à coup merveilleusement loquaces pour trouver les objections. Ils invoquaient les avantages de la temporisation, la nécessité de ne pas exaspérer les Montagnards. Si on insistait, ils déployaient au service de l'inertie cette animation tout éperdue qui est le masque des peureux : « Vous voulez, disaient-ils, faire assassiner le roi » ; et ce mot glaçait les courages.

De temps en temps, sur le bureau du président, des lettres étaient déposées que l'Assemblée accueillait par un silence dédaigneux ou par des éclats de rire. C'étaient les communications des ministres. On ignorait leurs gestes ; à peine s'enquérait-on de leur nom. Ces infortunés s'étaient appelés Terrier de Monciel, Chambonas, Lacoste, Lajard, Beaulieu. On venait de les changer, et voici qu'ils se nommaient Champion de Villeneuve, du Bouchage, d'Abancourt, Delaville-Leroux, Bigot de Sainte-Croix. J'en oublie peut-être. Sommes-nous tenus d'avoir plus de mémoire que n'en eurent les contemporains ?

Sur ces entrefaites, une proclamation parut qui portait la date du 25 juillet et émanait du duc de Brunswick, « commandant en chef les armées alliées de Prusse et d'Autriche ». Avec un mélange inouï d'arrogance et de maladresse, le général menaçait la nation des pires châtiments si elle ne se soumettait à Louis XVI. Il affectait d'être le gérant d'affaires du roi de France et, en cas d'insulte, son impitoyable vengeur. Telle était l'inopportunité du manifeste qu'on le crut d'abord apocryphe. Quand le doute ne fut plus possible, une grande montée de fierté souleva les âmes patriotes. Tout blessa dans le document, même la condescendance dédaigneuse qui répudiait l'esprit de conquête ; et, jusque parmi les modérés, s'affermit la terrible croyance qui solidarisait avec les ennemis de la patrie le roi, la cour, les nobles, les prêtres.

Aux Tuileries, les plans se croisaient, amorcés, abandonnés, repris de nouveau. On songea à la fuite. Lally-Tollendal, La Fayette avaient naguère proposé que le roi gagnât Compiègne ; Bertrand de Molleville qu'il se retirât à Fontainebleau. Le duc de Liancourt, qui commandait à Rouen, suggéra l'idée d'un départ pour la Normandie. Mais sur Louis XVI pesait l'obsédant souvenir de Varennes. Il était trop fier pour une seconde évasion, trop peu résolu pour partir en roi qui prend du champ afin de mieux régner. En cet état, il laissait couler les jours et se resserrer la captivité. Volontiers le pauvre prince, même après tant de mécomptes, eût encore essayé l'entente avec l'Assemblée. Le jour de la motion Lamourette, il était accouru à la salle du Manège, tout ravi de la réconciliation, et plein d'une honnête confiance qui illuminait d'une belle joie son visage un peu terne. La courte éclaircie n'avait réussi qu'à rendre plus affreuses les ténèbres qui avaient suivi. Sur ces entrefaites, les Girondins firent parvenir au roi, sous une forme très secrète, quelques propositions. Ils lui offraient de maintenir provisoirement la monarchie, à la condition de gouverner sous son nom. Le prince gardait sur le cœur l'insolente lettre de Roland. Il déclina le précaire secours offert par de telles mains.

N'y avait-il d'autre issue que la fuite, d'autre attitude que l'inertie, d'autre appui que l'étranger ? La monarchie n'avait point été tellement dépouillée qu'elle ne gardât quelques ressources. La garde nationale des quartiers bourgeois offrait plusieurs bataillons très solides : tels les bataillons des Filles-Saint-Thomas et des Petits-Pères. Le ministre de la guerre avait réussi à éluder en partie le décret qui éloignait les troupes régulières et avait gardé les Suisses à Courbevoie. De la garde constitutionnelle, quoique dissoute officiellement, les cadres demeuraient en partie, et on pourrait en reconstituer bien vite les meilleurs éléments. L'armée révolutionnaire elle-même puisait sa principale force dans la timidité de l'adversaire. A la date du 30 juillet, plus de cinq mille fédérés étaient déjà partis pour le camp de Soissons ; le nombre de ceux qui étaient demeurés à Paris ne dépassait guère, d'après les calculs qui paraissent les plus exacts, le chiffre de deux mille. Les Marseillais, arrivés le 30 juillet, n'étaient que cinq cents. Les bataillons des faubourgs inclinaient en général vers l'émeute, mais ne se tourneraient en masse contre la monarchie que si la monarchie tout d'abord s'abandonnait.

Quelle que fût l'extrémité des périls, des dévouements touchants encourageaient le roi à oser. Vers le château des Tuileries accouraient de pauvres gentilshommes médiocrement armés, mal façonnés aux manières de cour, mais fidèles jusqu'au sang. Le dimanche, aux réceptions des Tuileries, l'affluence était la même que jadis, quoique avec une émotion inaccoutumée, un frémissement de péril, et la mélancolie des choses que bientôt on ne contemplerait plus. Beaucoup venaient qu'on n'avait jamais vus, mais qui voulaient marquer leur loyalisme, fixer dans leurs regards tout ce qui allait finir. « Je vais exactement chez le roi tous les dimanches, disait M. de Malesherbes, cependant je hais la contrainte. Mais c'est pour moi toute la semaine une consolation que d'avoir vu ce prince excellent. Je ne m'approche pas de lui. Que lui dirais-je ? Mais je le vois. »

Pour utiliser tous ces concours, il manquait, par malheur, l'unité de vues, la puissance de vouloir, la décision. La monarchie menacée se trouvait en déficit de toutes les énergies que, depuis un siècle, l'absolutisme avait énervées. La vie sédentaire de la cour avait altéré les anciennes habitudes militaires. La conversation avait tué l'action ; et les esprits, à force de se polir, s'étaient réduits tout en surface. Le souci de ne se mouvoir que suivant l'usage rendait timide, et il semblait que tout dessein, marqué d'une forte estampille personnelle, eût un air d'originalité dangereuse ou de témérité. Que si une initiative hardie osait se produire, l'étiquette s'interposait qui ralentissait toutes choses, et les pensées, pour parvenir jusqu'au maître, passaient par tant de filières que, dans l'entre-temps, l'occasion avait échappé. Il arrivait souvent d'ailleurs que ceux qu'un dévouement pareil groupait autour du roi différaient entre eux par tout le reste.

Un chef résolu eût, tout en exaltant les courages, discipliné les fidélités. On sait ce qu'était Louis XVI. L'épreuve l'avait grandi ; seulement au lieu de le fixer à la taille d'un vrai roi, elle le portait plus haut, et, sans étape intermédiaire, le dressait d'un coup jusqu'à la taille d'un martyr. Désabusé de tout, ne découvrant partout que ténèbres, le prince n'aspirait plus, dans la faillite de tout le reste, qu'à compléter l'apprentissage d'une mort expiatoire et sainte. En butte à tous les outrages, il ne se vengeait que par un gémissement contenu, une réprobation douce, mêlée de pardon pour le passé, pour l'avenir aussi. Le 3 août, en une communication à l'Assemblée, il s'exprimait en ces termes : « J'ai fait ce que j'ai dû ; c'est assez pour le cœur d'un homme de bien... Les dangers personnels ne sont rien auprès des malheurs publics. Eh ! qu'est-ce que des dangers personnels pour un roi à qui l'on veut enlever l'amour du peuple ? C'est là qu'est la véritable plaie de mon cœur. » Et il ajoutait, en père qui aime mieux répandre son propre sang que de verser celui de ses enfants et qui jette à tout risque un dernier appel de paix : « Que de chagrins pourraient être effacés par la plus légère marque de retour ! »

J'ai tenu à citer ces paroles, les dernières que Louis XVI prononcerait publiquement comme roi. Déjà cette plainte mourante se perdait dans le tumulte des passions soulevées. On venait d'achever la lecture de la lettre royale, quand Pétion parut, porteur d'une adresse rédigée par les commissaires des sections réunis à l'Hôtel de Ville et demandant la déchéance. De son côté, la *section Mauconseil*, jalouse de se tracer sa voie à part, proclamait qu'elle ne reconnaissait plus Louis XVI comme roi des Français et fixait au dimanche 5 août l'action décisive qui détruirait la monarchie. Quant à la *section des Quinze-Vingts*, elle consentait à patienter jusqu'au 9 août au soir, mais si à cette date l'Assemblée n'avait pas fait justice du pouvoir exécutif, « le tocsin sonnerait à minuit, la générale serait battue et, suivant l'expression du procès-verbal, tout se lèverait à la fois ».

Dans les provinces, la joie régnait parmi les démagogues et parmi les modérés l'effroi. De tous côtés, les volontaires passaient, tantôt isolés, tantôt en bande, énervés de fatigue, surexcités de chaleur, à la fois troublés et stimulés par le danger prochain, saturés de déclamations, souvent ivres de vin, l'esprit plein d'idées confuses qui débordaient de leur cerveau étroit, et prêts à essayer leur sabre tout neuf sur quiconque serait dénoncé par la clameur publique. En beaucoup de lieux, un cérémonial pareil à celui de Paris accompagna la promulgation du décret sur la patrie en danger. Sur ces entrefaites, on connut l'irritant manifeste du duc de Brunswick.

Dans l'anxiété de l'attente, la vie semblait comme suspendue, et sur les routes on vit plus d'une fois les paysans eux-mêmes accourir au-devant des courriers, s'interrompant de couper leur blé. Les journaux noyaient les faits positifs sous une telle abondance de déclamations qu'il fallait extraire la vérité à tâtons et par parcelles. A travers les exagérations ou les impostures, une seule chose apparaissait nettement, c'était que le pouvoir, décidément déplacé, reposait désormais sur les clubs qui étaient le conseil délibérant de l'émeute, sur les délégués des sections qui en formaient le conseil exécutif, sur les fédérés qui, unis aux gardes nationaux des faubourgs, en composaient l'armée.

L'Assemblée gardait-elle encore quelque force ? Là-bas, dans les provinces, ceux qu'on appelait les modérés, les *Feuillants*, portaient sur elle des regards éperdus. Ils apprirent qu'elle avait, le 4 août, cassé l'arrêté de la section Mauconseil et par là virtuellement rejeté la déchéance. Ils surent, cinq jours plus tard, qu'elle venait de repousser la mise en accusation demandée contre La Fayette. Et à ces nouvelles ils cédèrent à un léger retour de confiance.

Le jour suivant, le courrier manqua. Le lendemain il arriva, cette fois annonçant tout : l'insurrection éclatant dans la nuit du 9 au 10 août ; les délégués des sections abattant la municipalité et devenant les maîtres ; Mandat, commandant de la garde nationale, appelé à l'Hôtel de Ville et un peu plus tard massacré ; aux Tuileries, la veillée tragique et le matin plus tragique encore ; Louis XVI passant en revue ses défenseurs ; les gardes nationaux des Filles-Saint-Thomas, quelques autres avec eux, acclamant la monarchie, le reste indécis ou hostile ; aux extrémités de la ville, le faubourg Saint-Antoine et le faubourg Saint-Marceau s'ébranlant, quoique lentement ; au château, la confusion croissante ; Rœderer intervenant et conseillant le recul avant la bataille ; la suggestion combattue d'abord, puis adoptée dans l'excès de l'effarement ; la retraite vers l'Assemblée ; le cortège funèbre de la royauté dans le jardin des Tuileries, le roi impassible, la reine aux lèvres frémissantes et aux yeux pleurant d'humiliation, le dauphin poussant de ses pieds d'enfant les feuilles mortes du jardin ; la famille royale à la *Salle du Manège* ; puis le palais assailli, quoique vide de ses hôtes ; les Suisses, d'abord indécis, puis déchargeant leurs armes ; les rebelles fuyant, mais pour revenir sur leurs pas ; l'ordre donné par le roi de cesser le feu ; le château saccagé ; les Suisses massacrés ; Louis XVI, enfin, dans la loge du *logographe*, attendant un mot de l'Assemblée qui dégraderait huit siècles de royauté ou garderait à cette même royauté un reste de vie.

Voilà ce qu'on apprit dans les provinces, non avec cette précision que l'avenir communiquerait aux choses, mais en nouvelles hachées, partielles, qu'il fallait reconstituer par lambeaux. Et à ces nouvelles, à peine put-on croire, tant elles parurent inouïes !

Un jour encore et on sut la fin du grand drame : l'Assemblée frappée d'abord de stupeur en face d'une si grande victime ; Vergniaud qui présidait, indécis entre la compassion et l'inimitié, et gravant dans son regard cette scène d'histoire vécue ; quelques députés venant encore baiser la main de la reine ; puis le respect s'effaçant par degrés sous la peur ; les esprits se familiarisant avec l'usurpation ; Guadet, puis Gensonné succédant à Vergniaud ; la royauté suspendue ; une *Convention* nationale décrétée ; un nouveau ministère élu, sorte de comité exécutif où Roland représenterait la rancune girondine satisfaite, et Danton la volonté de tout oser.

Les courriers brûlaient les routes, semant partout les événements. Il restait à connaître le sort du roi, le destin de sa famille. Les dépêches qui suivirent achevèrent d'éclairer les gens de province stupéfaits : Louis XVI ne serait pas seulement suspendu, mais prisonnier. Il demeurerait en *otage,* disait le décret de suspension. L'Assemblée désigna d'abord pour sa résidence le Luxembourg, où la décoration d'un somptueux palais masquerait encore la captivité. La nouvelle Commune intervint. Elle était née de l'insurrection et, dans cette violente investiture, puisait la toute-puissance. Elle choisit et fit adopter le Temple, vieille maison où rien ne déguiserait plus l'horreur des choses et où le geôlier, loin de se cacher, s'afficherait.

Louis XVI n'avait montré d'énergie tenace que pour les intérêts catholiques. Pour eux seuls, il avait osé — et par deux fois — se hausser jusqu'au *veto.* Lui détrôné, une passion implacable s'acharna à détruire ce que sa main, quoique débile, avait tâché de sauver.

La révolution du 10 août accumula beaucoup de ruines : aucun édifice ne fut plus sapé que celui de la France chrétienne. Une série de motions, brièvement converties en décrets, marquèrent une ardeur de destruction qu'aucun scrupule n'arrêterait plus. La *Constituante,* en fermant les couvents d'hommes, avait maintenu, en chaque département, quelques refuges à l'usage des moines qui voudraient mourir dans la fidélité à leurs vœux. Cette tolérance parut excessive, et il fut décidé que les rares monastères conservés seraient tous évacués et vendus. Les *Constituants*, très durs pour les religieux, avaient cru pouvoir adoucir leurs rigueurs vis-à-vis des femmes. Ils leur avaient laissé la jouissance de toutes leurs maisons, en sorte que les pauvres filles, quoique cruellement frappées par l'interdiction de se recruter, avaient gardé l'apparence de n'être point dépossédées. Cette pitié déplut et, sous le prétexte de ne pas immobiliser de grands bâtiments utiles pour les services publics, l'aliénation de tous les couvents fut ordonnée. Aux termes d'un décret du 17 août, l'évacuation devrait être achevée pour le 1ᵉʳ octobre.

En frappant les congrégations monastiques, les législateurs de 1789 et de 1790 avaient voulu surtout atteindre les ordres contemplatifs qui, suivant l'opinion générale du temps, ne servaient à rien, hormis à favoriser la paresse. Mais ils avaient étendu une tolérance provisoire aux congrégations vouées à l'enseignement ou au soin des malades, et avaient laissé à leurs successeurs le soin d'interdire ou de réglementer ce double ministère. Il importait de compléter la proscription. L'Assemblée législative interdit le « service de l'enseignement public » — et, semble-t-il aussi, le service hospitalier — à « tous les membres des ci-devant congrégations d'hommes ou de femmes ».

Cependant il y avait une série de corporations jusqu'ici épargnées : c'étaient les corporations dites *séculières*, ainsi nommées parce que, vouées presque toutes à des œuvres actives, elles n'entraînaient pas l'entière séparation du monde, et parce qu'elles n'exigeaient pas de vœux ou n'en imposaient que de temporaires. Le 18 août, l'Assemblée législative, reprenant une motion déjà discutée le 6 avril, proclama qu' « un État vraiment libre » ne devait souffrir dans son sein aucune corporation, « pas même celles qui avaient bien mérité de la patrie », et que le moment était venu de les anéantir toutes. En conséquence, elle les déclarait

MASSACRES DES 2, 3, 4, 5 ET 6 SEPTEMBRE 1792

MASSACRE D'ENVIRON HUIT CENTS PRISONNIERS A LA PRISON DU CHATELET ET A LA MAISON DE BICÊTRE,
LES 2 ET 3 SEPTEMBRE ET JOURS SUIVANTS

toutes abolies. Une énumération suivait, minutieusement détaillée, avec un soin anxieux pour que rien n'échappât. Dans la longue nomenclature étaient compris les prêtres de l'Oratoire de Jésus, de la Doctrine chrétienne, de Saint-Joseph, de Saint-Nicolas du Chardonnet, du Saint-Esprit, des Missions du Clergé, du Saint-Sacrement, des Mulotins, de la Congrégation de Provence. La même passion égalitaire enveloppait dans une proscription pareille la sage et savante congrégation de Saint-Sulpice, les sociétés de Sorbonne et de Navarre aux souvenirs glorieux, les lazaristes, ces serviteurs de la France à l'étranger. Puis venaient les congrégations laïques et en particulier les frères des Écoles chrétiennes qu'au mois d'avril l'évêque constitutionnel Lecoz avait essayé de soutenir et qui, en ces jours de découragement terrifié, ne trouvèrent plus personne pour les défendre. Une inquisition vigilante s'appliqua à ne rien oublier, ni les Ermites du Mont-Valérien, ni ceux de Sénard, ni ceux de Saint-Jean-Baptiste, ni même ceux qui vivaient solitaires et qui, jusque dans leur isolement, furent jugés former congrégation. Nul n'échappait, ni les *Frères cordonniers*, ni les *Frères tailleurs* ; et le même niveau qui venait d'écraser les savants et les glorieux broyait les petits et les humbles. — Après les hommes, les femmes : les Sœurs de la Sagesse, celles des Écoles chrétiennes, des Vertelottes, de l'Union chrétienne, de la Providence, de Saint-Charles ; puis les Millepoises, les Filles de la Croix, du Bon Pasteur, de la Propagation de la foi, de Notre-Dame de la Garde, les Dames noires, les Dames de Fourquevaux. — Ayant cru tout abattre, les destructeurs ont un scrupule : ils craignent qu'il ne demeure quelque rejeton vivace, inaperçu ou oublié. Ils aiment mieux être prolixes ou redondants qu'incomplets, et ils s'appliquent à ressaisir, en une formule générale, ceux qui pourraient bénéficier d'une omission. Derechef, ils déclarent « éteintes et supprimées toutes les corporations religieuses et congrégations séculières d'hommes et de femmes, ecclésiastiques et laïques, même celles uniquement vouées au service des hôpitaux et au soulagement des malades ». Elles sont proclamées abolies, « sous quelque dénomination qu'elles existent en France, soit qu'elles ne comprennent qu'une seule maison, soit qu'elles en comprennent plusieurs ». Dans le même souci obsédant de ne rien oublier, l'énumération recommence quand on la croit finie : on entend bien tout détruire : les *familiarités*, les *confréries*, les *pénitents* de toute couleur, les *pèlerins* et, ajoute l'article du décret, « toutes autres associations de piété ou de charité ». Telle est l'ardeur de proscrire. Cependant voici où la logique persécutrice fléchit. Les religieux ou religieuses voués au ministère de l'enseignement ou aux hôpitaux devront, jusqu'à l'organisation définitive qu'élaborent les comités, continuer leurs fonctions *à titre individuel*. C'est ce que décident les articles 2 et 6 du décret. Cette continuation des services n'est pas seulement facultative, mais en quelque sorte obligatoire ; car quiconque s'y dérobera perdra la moitié de sa pension.

Chaque jour se marque par un décret vexatoire. Le port de l'habit ecclésiastique ou religieux est interdit ; seuls les prêtres assermentés sont autorisés à garder leur costume dans l'exercice de leurs fonctions et dans l'arrondissement où ils exercent. Les lois de spoliation, votées en 1789 et en 1790, avaient comporté des exceptions nombreuses : une à une ces exceptions disparaissent ; c'est ainsi que des lois successives décrètent l'aliénation du patrimoine des fabriques, des immeubles des communautés étrangères, des biens de l'ordre de Malte. Une sollicitude attentive recherche, pour les détruire, les dernières traces de la suprématie pontificale : des *préfets apostoliques*, nommés par le Saint-Siège, exerçaient dans les colonies la juridiction spirituelle ; un décret abolit « ces délégués de l'évêque de Rome ». C'est alors que commence le vrai dépouillement des églises supprimées : il est décidé que le métal des cloches et l'argenterie seront transportés aux hôtels des monnaies ; il est prescrit que les ornements tissus d'or et d'argent fin seront brûlés pour que les cendres en soient converties en lingots. Les églises conservées ne sont pas elles-mêmes à l'abri de la spoliation. Déjà une appréciation dédaigneuse juge « ostentatoire » tout ce qui s'y garde encore de richesses ; et à ces menaces d'une spoliation qui va les atteindre, les prêtres assermentés eux-mêmes ressentent un commencement d'inquiétude. Tous ces décrets sont votés silencieusement. Les rigueurs légales de l'Assemblée paraissaient presque douces si on les comparait au déchaînement populaire.

En plusieurs lieux les passions exaspérées s'exaltaient jusqu'au crime. On put noter en ce temps-là de nouveaux assassinats de prêtres : le 19 août, dans l'Orne, l'abbé Duportail et l'abbé de Saint-Martin, le 21 août, à Troyes, le chanoine Fardeau ; et pour l'une des dernières fois je cite les victimes ; car bientôt elles seront si nombreuses qu'on ne pourra plus les nommer.

Pour compléter la persécution, il restait à reprendre, en l'aggravant, la loi contre les réfractaires, deux fois repoussée par Louis XVI.

Dès le 19 août, une audacieuse initiative provinciale vint rappeler à l'Assemblée cette partie de sa tâche. Ce jour-là, on entendit la lecture d'une adresse des administrateurs du Var : avec une remarquable assurance, ils annonçaient que, de leur propre autorité, ils avaient ordonné pour leur département la déportation des insermentés. Loin de protester contre l'usurpation législative, la majorité applaudit. Lequinio, Cambon, se levant de leur banc, s'indignèrent qu'on se fût laissé devancer, demandèrent que d'urgence l'acte du directoire du Var fût transformé en mesure générale ; et aussitôt une commission fut désignée pour préparer un projet de loi.

Dès lors l'impatience ne souffrit plus aucun délai. Trois jours s'écoulèrent. La commission n'était pas prête. Un représentant, nommé Henry-Larivière, se leva : « Le plus beau spectacle que vous puissiez, dit-il, offrir au peuple, c'est le départ des prêtres réfractaires. Je demande qu'on fasse à l'instant le rapport sur le mode de déportation ; car chaque instant de retard est un véritable assassinat. » Le lendemain, les instances se renouvelèrent. « Il faut, dit le député Marant, que la déportation soit signifiée avant le 28 août. » En effet, les élections pour la Convention allaient commencer, et on craignait, on feignait de craindre que les prêtres non conformistes n'influassent sur le scrutin. « Occupons-nous de l'armée, s'écria Delacroix, occupons-nous des finances, mais avant tout, avant tout, chassons, chassons les prêtres. »

Le rapporteur n'était pas là. « Que celui de nos collègues qui s'est occupé de cette affaire soit entendu. » Ainsi s'exprima l'un des représentants. Le député Benoiston se leva. C'était lui, on s'en souvint, qui, au mois de mai, dans la discussion de la dernière loi, avait fourni à l'Assemblée le texte adopté. Du nouveau projet il détacha un premier article qui obligeait tous les prêtres insermentés fonctionnaires publics à sortir du royaume dans le délai de quinze jours. A plusieurs cette prescription parut trop humaine. Delacroix proposa qu'elle s'étendît aux chanoines, aux religieux, c'est-à-dire à tous les non-conformistes sans distinction. Cambon, plus féroce, jugea trop doux un éloignement qui ne serait qu'exil et demanda qu'on armât des vaisseaux pour transporter tous ces rebelles à la Guyane française. « Pour transporter cinquante mille prêtres, objecta Fauchet, évêque du Calvados, il faudrait cent vaisseaux. M. Cambon a souci des deniers publics. Est-ce cette dépense énorme qu'il veut imposer au trésor ? » En dépit de tous les signes contraires, un représentant qu'on appelait Claye osa prêcher la tolérance : sa voix se perdit inécoutée. Le lendemain, 25 août, tout à la fin de la séance, Benoiston continua la lecture des articles. Ils furent votés sans débat, avec cette célérité impérieuse qui égale les passions des assemblées aux pires caprices des despotes. Le 26, tout fut fini.

Aux termes de la loi nouvelle qu'aucun veto cette fois ne pourrait plus suspendre, tous les ecclésiastiques fonctionnaires qui n'avaient pas prêté le serment « étaient tenus de sortir du royaume dans le délai de quinze jours ». Un passeport leur serait délivré à cet effet, ainsi qu'un secours de trois livres par étape de dix lieues jusqu'à la frontière ou jusqu'au port d'embarquement. Quiconque n'obéirait pas à ces dispositions serait transporté à la Guyane. Ceux qui rentreraient en France après en être sortis seraient frappés de dix années de détention. La déportation ne s'appliquerait ni aux sexagénaires, ni aux infirmes ; mais les ecclésiastiques de cette double catégorie seraient réunis sous la surveillance des municipalités ·en des maisons de retraite qui seraient ultérieurement désignées. Restaient les ecclésiastiques non fonctionnaires et par suite non astreints au serment, tels que les chanoines, les religieux, les clercs minorés. Ceux-ci étaient épargnés mais tenus sous une permanente menace ; car ils seraient soumis à la déportation si, par quelques actes extérieurs, ils occasionnaient des troubles ou si leur éloignement était demandé par six citoyens domiciliés dans le même département.

Impatiemment, les chefs des *sociétés populaires* attendaient la licence de proscrire. De tous côtés, durant le mois de septembre, les routes se remplirent de fugitifs qui s'acheminaient vers la frontière ou vers les ports d'embarquement. Cependant, aux gîtes d'étapes, comme les malheureux se lamentaient, il arriva plus d'une fois que les magistrats leur tendirent les journaux : « Lisez, leur disaient-ils avec une compassion moitié sincère moitié insultante, et voyez si vous n'avez pas lieu de remercier plutôt que de vous plaindre. » Les infortunés lisaient, et après avoir lu, tout pénétrés d'horreur, ils n'avaient plus qu'un souci, celui de précipiter leurs pas. Et en effet leur sort, quoique dur, était presque digne d'envie, en comparaison de tous ceux que le fer des assassins venait de fixer pour jamais sur ·le sol de France.

II

LES MASSACRES DE SEPTEMBRE

Je touche au sombre drame qui gardera dans l'histoire le nom de *Massacres de Septembre*. De cet épisode tout est connu ou à peu près. Ce qui est resté obscur ne sera sans doute jamais éclairci ; car les documents qui eussent achevé la lumière ont presque tous disparu. On se bornera à décrire ici l'extraordinaire montée de trouble et d'exaltation furieuse qui rendit possibles ces excès ; puis entre toutes les victimes, on marquera celles qui appartiennent à l'Église de France.

Beaucoup de prêtres avaient, depuis six mois, cherché refuge à Paris. Ils espéraient se perdre dans la grande ville ; puis ils avaient ouï dire que là-bas le directoire départemental, composé d'hommes modérés, se montrait soucieux de la liberté religieuse. Donc ils étaient arrivés avec une seule ambition, celle d'effacer leur trace à force de se faire petits. La plupart ne connaissaient guère la capitale ; plusieurs y venaient pour la première fois. Des confrères bienveillants, des femmes pieuses leur avaient indiqué, dans le quartier du Luxembourg, des maisons d'aspect discret et silencieux, de petites auberges aux prix modiques et aux serviteurs sûrs. Ils s'étaient logés rue *Cassette*, rue du *Vieux-Colombier*, rue des *Aveugles*, et surtout rue des *Fossoyeurs*, en un hôtel qu'on appelait l'*Hôtel de Provence*. En ces lieux ils avaient retrouvé des prêtres parisiens, émigrés dans leur propre ville et ayant fui leur ancienne paroisse pour échapper aux délateurs des clubs. Tous ensemble ces proscrits — car on peut déjà les appeler de ce nom — vivaient pauvrement, tantôt de leurs propres ressources ou de secours, tantôt en s'aidant de petits métiers. Le matin, ils célébraient la messe, soit dans les couvents de femmes encore épargnés, soit au séminaire des Missions étrangères. Cet acte pieux accompli, ils sortaient le moins possible, presque toujours en costume laïc, et se flattaient d'avoir, par ces précautions, conquis la sécurité. Cependant ils se trahissaient par leur nombre même et, si discrètes que fussent leurs allées et venues, ils ne laissaient pas que d'apporter une animation un peu insolite, un peu révélatrice aussi, dans les petites rues désertes où ils s'étaient entassés. Le péril était d'autant plus grand que ce quartier paisible et dévot subissait le joug d'une démagogie furieuse. La section du Luxembourg était entre toutes une des plus exaltées ; et le comité de cette section venait d'établir son siège dans le voisinage immédiat des réfugiés, c'est-à-dire dans les bâtiments du séminaire Saint-Sulpice.

D'autres émigrants ecclésiastiques s'étaient répandus, quoique par groupes plus clairsemés, sur toute la rive gauche. Dans les somptueuses habitations du faubourg Saint-Germain, le plus souvent abandonnées par leurs maîtres, quelques non-conformistes vivaient cachés. Ils y occupaient une chambre écartée, inconnus de tous hormis du suisse de l'hôtel et de quelques fidèles, et accomplissant à la dérobée les fonctions de leur ministère. — Que si, dans une direction opposée, on fût remonté du quartier Saint-Sulpice vers la montagne Sainte-Geneviève, on eût rencontré aussi, quoique sous l'habit séculier, un assez grand nombre de prêtres. C'étaient, en général, des professeurs, des gradués en théologie, des érudits, ou bien encore d'anciens desservants des hospices et hôpitaux. La plupart demeuraient à demi cachés dans les collèges ou séminaires où ils avaient longtemps vécu ; les autres s'étaient logés autour de Saint-Étienne-du-Mont ou bien dans les petites rues qui, descendant le versant oriental de la colline, allaient rejoindre le quartier Saint-Victor.

Du fond de leur retraite, les malheureux purent entendre, dès l'aube du 10 août, le son du tocsin, puis, dans la matinée, le crépitement lointain de la fusillade. Vers deux heures, le bruit diminua, puis s'éteignit. Dévorés d'anxiété, les plus hardis se décidèrent à sortir de chez eux, à aller aux nouvelles. Ce qu'ils virent les terrifia. Des hommes du peuple parcouraient les rues, parés des uniformes des Suisses, et poussant des cris de mort. A mesure qu'on approchait de la Seine apparaissaient les traces d'une bataille à peine finie et sans pitié pour les vaincus. Au Carrousel, dans le jardin des Tuileries, au bord de l'eau, partout des armes abandonnées, des traînées de sang, des dépouilles laissées en chemin. Des rumeurs féroces dénonçaient les gens de cour, les serviteurs du château ; et c'étaient des poursuites sans merci, des fuites éperdues, des meurtres qu'aucune surexcitation de combat n'excusait plus. Des bandes se répandaient de tous côtés, brisant à coups de marteau les emblèmes, les insignes qui rappelaient la monarchie. Tout atterrés, les pauvres prêtres rentrèrent et se blottirent chez eux, sous l'obsession de leur fin prochaine. Dans la relation d'un curé de la Beauce, alors réfugié à Paris, nous lisons ces lignes naïves, où se peint bien l'excès de la consternation : « Puisque l'univers doit s'écrouler avec plus de fracas encore que ne le fît le trône des Bourbons, on a bien raison de dire que la fin du monde sera horriblement épouvantable. » Telle était la hantise de l'imminent péril que, le soir même, le supérieur de la *Communauté des clercs de Saint-Sulpice* fit confesser, comme à l'article de mort, tous ses séminaristes.

Ces alarmes n'avaient rien de chimérique. Le 11 août, des hommes armés de piques, de sabres et de fusils, se mirent à fouiller la rue Cassette et les petites rues descendant du jardin du Luxembourg vers Saint-Sulpice. Les uns se prétendaient commissaires de la section ; les autres, dédaigneux même de ce formalisme, agissaient, disaient-ils, pour « le salut du peuple ». Une cinquantaine de prêtres furent saisis, traînés à la section, puis incarcérés au couvent des Carmes, transformé en prison. Le même jour, — an IV de la liberté, disent les procès-verbaux, — fut arrêté, vers midi, à l'hôtel de Châtillon, rue du Petit-Bourbon, Dulau, archevêque d'Arles. Il fut, lui aussi, transféré aux Carmes. Il y fut rejoint par deux prélats, MM. de La Rochefoucauld, l'un évêque de Beauvais, l'autre évêque de Saintes.

Les jours suivants, les recherches s'étendirent depuis Saint-Étienne-du-Mont jusqu'au Jardin des Plantes ; et d'autres ecclésiastiques — cinquante environ — furent internés au séminaire Saint-Firmin, situé rue Saint-Victor. Dans le même temps, entre le Luxembourg et Saint-Sulpice, la chasse aux réfractaires continuait. Les arrestations s'opéraient, tantôt au domicile des suspects, tantôt dans la rue et, dit l'un des procès-verbaux, « à la voix du peuple » ; car, dans l'excès de l'anarchie, tout le monde se croyait magistrat.

Quand le pourtour de Saint-Sulpice fut nettoyé, des expéditions un peu plus lointaines s'organisèrent. Le 15 août, des bandes se portèrent vers Issy et en ramenèrent une quarantaine de prêtres, de jeunes clercs ou de laïcs. Les prêtres furent incarcérés, les autres furent, en général, relâchés. Le 16, ce fut le tour de Vaugirard ; dans le village l'établissement des *Robertins* fut fouillé et pareillement la maison de campagne de la *communauté de Laon*. Tous ces détenus furent enfermés aux Carmes.

Aux arrestations succédaient les visites domiciliaires. Chez l'archevêque d'Arles, on constata dans la cheminée des traces de papiers brûlés ; puis on saisit des brochures, des gazettes et, par surcroît, les œuvres de Rousseau. « Nous avons remarqué, observèrent avec une indignation candide les commissaires, qu'il y avait plus de brochures en faveur du ci-devant clergé qu'en faveur de la Révolution. » La principale découverte fut celle d'un uniforme de garde du roi, épinglé avec une étiquette au nom de Benoît, et qui avait été confié en dépôt à l'un des domestiques. Telles furent, contre le prélat, les seules pièces à conviction. Aux autres domiciles, les perquisitions ne furent pas plus fructueuses. Quelques prêtres furent convaincus d'être abonnés à l'*Ami du Roi ;* contre plusieurs autres on prouva qu'ils avaient gardé des relations avec l'ancien curé de Saint-Sulpice, M. de Pancemont, qu'ils avaient continué à administrer les sacrements, ou bien encore qu'ils avaient détourné la jeunesse d'assister aux offices assermentés. L'examen d'un carnet de dépenses permit d'établir à la charge d'un des détenus qu'il avait correspondu avec les émigrés de Coblentz. Entre tous les prêtres, le plus compromis parut être l'abbé Rousseau, supérieur de la *communauté de Saint-Sulpice de Laon.* On avait trouvé sur lui une lettre du cardinal Maury, conçue en termes très hostiles à la Révolution. « C'est un bien mauvais cas, dit l'un des commissaires avec un grand étalage d'indignation. » Et il répéta plusieurs fois : « Cette affaire est grave, très grave. »

Puériles étaient les charges, immense était le danger. « Nous sommes aux mains de Dieu », disait l'un des prêtres au lendemain de son emprisonnement. Cette parole de résignation était aussi parole de sagesse. Dieu seul, en effet, pourrait désormais conduire ce qu'aucune puissance légale ne dirigeait plus.

Qui eût contenu l'arbitraire ? Plus de roi : une Assemblée expirante et terrifiée, de toutes parts des autorités énervées ou brisées ; toute force publique régulière anéantie ou éloignée de Paris, conquise au désordre ou désarmée ; un comité exécutif, de création toute récente, encore mal assuré, et qui ne s'affermirait que pour s'incarner en Danton.

Sur les débris de toutes les institutions mortes ou mourantes, une seule autorité s'était élevée, vivace, dominatrice : la *Commune insurrectionnelle,* installée le 10 août à l'Hôtel de Ville.

Elle avait gradué ses audaces. Les usurpateurs s'étaient appelés d'abord *commissaires de la majorité des sections réunis pour sauver la chose publique ;* ils s'étaient désignés ensuite sous le nom d'*Assemblée générale des représentants de la commune de Paris réunis pour le salut public.* Voici que, depuis le 13 août, tout voile se déchirant, ils se nommaient le *Conseil général de la Commune.*

Ce conseil s'était composé d'abord de trois commissaires par section ; puis, du 11 au 13 août, des choix supplémentaires avaient doublé le nombre des délégués. De la foule des hommes obscurs émergeaient quelques noms destinés à une célébrité sinistre : Bourdon, Billaud-Varennes, Fabre d'Églantine, Rossignol, Huguenin, gens de la première heure, puis Robespierre, arrivé depuis le 10 août. Le maire Pétion n'avait pas été destitué, mais ses fonctions, comme il le déclarerait bientôt lui-même, n'étaient plus qu'un vain titre. On ne l'avait gardé que par simulacre de modération ; et c'était un signe des temps que Pétion, — le roi Pétion, ainsi qu'on disait naguère, — fût déjà suspect.

Ce pouvoir, le seul existant, était grossier et fruste. Une seule chose y fut perfectionnée : l'art de proscrire. Un comité de surveillance fut organisé où dominaient Panis, Sergent, Duplain, Jourdeuil. En outre, les sections eurent chacune son comité permanent qui s'arrogea la police judiciaire. Puis ces comités qui s'étaient attribué le droit exorbitant de dénoncer, de perquisitionner, d'arrêter, déléguèrent leurs prétendus droits à des agents subalternes ; ces agents eux-mêmes subdéléguèrent cette faculté redoutable. Ainsi arriverait-il que, de délégation en délégation, le pouvoir discrétionnaire descendrait jusqu'en des bas-fonds si infimes qu'il n'y aurait point d'homme du peuple qui, avec un peu de parlage ou d'écriture, de force musculaire ou d'audace, ne pût cumuler en lui les fonctions de policier et de gendarme, de juge et de bourreau.

Ce que serait cette domination de la Commune, on put de suite le deviner. Les Suisses vaincus avaient été enfermés en l'église des Feuillants. Une populace féroce demandait leur mort. La Commune intervint, mais en quels termes ? En une de ses proclamations on lut ces lignes : « Peuple, suspens ta vengeance, tous les coupables vont périr sur l'échafaud. » Ce n'était à la Commune qu'ordres d'arrestations : arrestation des imprimeurs de feuilles aristocratiques, arrestation des gens du château, arrestation de juges de paix ou de chefs de la garde nationale, arrestation des anciens ministres. Et les prisons de la Force, de l'Abbaye, de la Conciergerie se remplissaient de nobles, de Feuillants, de fonctionnaires suspects, tout de même que celles des Carmes et de Saint-Firmin se remplissaient de prêtres.

Comment jugerait-on ceux que déjà on proclamait coupables ? L'Assemblée songea d'abord à créer une cour martiale. Le projet déplut. Organiser une cour martiale, c'était limiter la répression aux militaires. Or, la Commune et les meneurs des clubs avaient soif de plus amples vengeances. Cependant la justice ordinaire semblait suspecte de modération, entachée de clémence. Le 17 août, un tribunal criminel fut décrété pour statuer « sur les crimes relatifs à la journée du 10 août ou en dépendant ». En une hâte inouïe, les juges furent choisis par les délégués des sections, et des sections réduites à quelques meneurs démagogiques. Parmi les élus, on comptait Osselin, Coffinhal, et aussi Robespierre nommé le premier, mais qui déclina son mandat. La même hâte de proscrire avait inspiré toute la procédure. Point d'appel, point de recours en cassation, une terrible simplification de toutes les formes protectrices de l'innocence, aucun délai pour l'exécution, et, tout près du prétoire, l'échafaud.

Telle fut l'œuvre arrachée par la peur à l'Assemblée. Le 21 août, le nouveau tribunal se réunit au Palais de Justice, en la Chambre dite de Saint-Louis. Le premier qui comparut fut Collenot d'Angremont, accusé d'embauchage pour le compte du château. A cinq heures du soir, il fut condamné à mort ; à dix heures, à la lueur des flambeaux, il fut exécuté sur la place du Carrousel. La même célérité de justice précipita dans la mort, le 24 août, Laporte, intendant de la liste civile, le 25, Durozoy, rédacteur de la *Gazette de Paris*. Pour l'un et pour l'autre, l'échafaud se dressa quelques heures après l'arrêt. Quel était leur crime ? Laporte avait reçu le dépôt de papiers compromettants et ordonnancé les dépenses de la cour ; Durozoy avait composé des pamphlets royalistes et entretenu des correspondances contrerévolutionnaires.

Ces châtiments sommaires aiguisaient le goût du sang. Tout concourait à graver les calomnies, à surrexciter les colères. L'Assemblée venait de décider que toutes les autorités seraient remplacées : de là une période de transition propice aux violences. Chez l'intendant de la liste civile et dans le cabinet du roi, des lettres, des notes avaient été trouvées qui attestaient des menées aristocratiques, des intelligences avec l'étranger ; ces documents, imprimés à la hâte et répandus partout, propagèrent la croyance à un vaste complot que la victoire du 10 août avait déjoué et que, toutes affaires cessantes, il fallait punir. Les journaux étaient atroces. Le plus sanguinaire, celui de Marat, conseillait la création d'une cour prévôtale destinée à juger en bloc tous les conspirateurs et ne prononçant qu'une peine unique, la mort. Cependant Marat, méprisé jusque-là comme un maniaque pervers, venait de passer à l'état de personnage officiel ; car la *Commune,* sans l'admettre encore parmi ses membres, lui avait concédé une tribune dans la salle des séances et l'avait chargé de publier le journal de ses arrêtés.

Les prêtres, — car c'est d'eux seulement qu'on veut parler, — les prêtres, contre qui grandissait cette clameur de vengeance, étaient, vers la fin d'août, partagés entre deux prisons : les Carmes où de nouvelles arrestations avaient porté l'effectif à plus de cent soixante détenus, le séminaire Saint-Firmin, qui avait reçu une vingtaine de nouveaux suspects et abritait environ soixante-dix ecclésiastiques. L'abbaye Saint-Germain-des-Prés, où seraient incarcérés dans les jours suivants un certain nombre de prêtres, ne renfermait encore que des prisonniers laïcs, gens de cour, fonctionnaires royaux, chefs militaires ou soldats.

On sait peu de chose sur la vie des captifs à Saint-Firmin, au moins dans les premiers jours. On est mieux instruit sur la maison des Carmes.

Les prisonniers avaient d'abord été renfermés dans l'église du couvent, sans que rien fût préparé pour les recevoir. Ils avaient passé les premières nuits étendus sur le pavé nu du sanctuaire. Puis on avait rassemblé des lits, des paillasses. La nourriture était apportée du dehors par un traiteur ; en outre des personnes pieuses avaient obtenu de faire passer des aliments aux détenus. Venus de points divers, les captifs souvent ne se connaissaient pas. Ils se groupèrent autour des trois évêques : Mgr Dulau et les frères La Rochefoucauld. Au-dessous des prélats étaient sept ou huit grands vicaires, plusieurs supérieurs ou directeurs de séminaires parmi lesquels on distinguait : M. Gallais, M. Rousseau, M. de Savine. Une soixantaine d'ecclésiastiques appartenaient au clergé des provinces ; les autres étaient affiliés aux congrégations ou étaient employés dans le clergé de Paris. Bientôt entre tous ces prêtres s'établit une sorte de hiérarchie, suivant le rang et bien plus suivant la vertu ; car, en ces heures de détresse, on s'attachait aux plus fervents comme à ceux de qui dérivaient la consolation et l'exemple.

Quelle serait la durée de la détention ? Quelle en serait l'issue ? Volontiers les plus perspicaces fermaient les yeux, de peur de voir trop bien. Ces hommes habitués en général à une forte discipline se créèrent d'instinct un plan et comme une règle de vie. Privés de célébrer la messe, ils s'unissaient chaque matin à celle que disait à Rome le souverain pontife ; puis, s'isolant les uns des autres, ils méditaient comme ils eussent fait dans un oratoire privé ou bien encore traçaient des notes, composaient des oraisons dont quelques-unes ont été retrouvées. Pendant la journée il leur était permis de recevoir des visites : vers eux venaient des amis, quelquefois aussi des inconnus, jaloux d'honorer des confesseurs de la foi. C'était l'heure où se recueillaient les bruits du dehors, le plus souvent trop vagues, trop contradictoires pour qu'ils pussent affermir ou abattre l'espoir. Au milieu de l'épreuve, un souci travaillait fort tous ces prêtres. L'Assemblée avait, par un décret tout récent du 15 août, astreint à un serment de *défendre la liberté et l'égalité* tous ceux qui recevaient un salaire ou une pension de l'État. Ce serment était-il licite ? Et, si quelque jour on l'imposait pour prix de la délivrance pourrait-on le prêter sans scrupules, ou devrait-on le refuser, fût-ce au risque de mourir ? Cette question, qui serait tant discutée plus tard, se débattait avec anxiété dans la prison des Carmes. Les entretiens étaient souvent interrompus par la voix des gardiens qui procédaient aux appels. Il y en avait régulièrement trois par jour : à certains jours, il y en eut jusqu'à sept. Cependant, au bout du jardin où les prisonniers avaient l'autorisation de se promener, s'élevait une petite chapelle avec une statue de la Vierge. En ce lieu ils prirent bientôt l'habitude de se rendre comme en un but de pèlerinage. Par groupes ils venaient y dire le chapelet. Au milieu d'eux était un ancien officier au régiment de Champagne, M. Régis de Valfons, seul laïque entre tous ces clercs. Il avait été naguère compromis, comme défenseur des catholiques, dans les rixes de la chapelle des Irlandais ; une étroite amitié avec l'un des ecclésiastiques de Saint-Roch avait achevé de le rendre suspect ; et les proscripteurs avaient jugé que ce militaire dévot valait bien un prêtre. Il édifiait tous ses compagnons par sa piété, et « sa prière, nous dit le récit d'un des survivants, était moins d'un homme que d'un ange ».

La captivité se prolongeait depuis plus de trois semaines quand, à travers les ténèbres de la prison, percèrent quelques rayons d'espoir. Manuel, procureur syndic de la Commune, se rendit plusieurs fois aux Carmes. Il annonça aux détenus que leurs dossiers avaient été examinés, que dans la plupart on n'avait rien trouvé de grave, qu'un jury avait été constitué pour juger les coupables, qu'on mettrait en liberté les innocents ; puis il interrogea plusieurs vieillards et leur demanda où ils désiraient se rendre quand ils seraient délivrés. Le 29 août, Manuel revint, annonça la loi de déportation : « Préparez-vous, dit-il en s'adressant aux prisonniers, préparez-vous à quitter le territoire. » Il ajouta : « A ce décret tout le monde gagnera, vous, qui serez tranquilles à l'étranger, nous, qui serons débarrassés de vos menées. — De quoi vivrons-nous, hasarda l'un des prêtres ? — Vous serez toujours, répliqua Manuel, plus riches que Jésus-Christ qui n'avait pas où reposer sa tête... Je m'occuperai de votre sort, continua-t-il sur un ton plus bienveillant. » Le 31 août au soir, un commissaire arriva accompagné de gendarmes, lut le décret du 26 août, en laissa une copie qui fut affichée. Dans l'extrémité du péril, tout, même le bannissement, prenait un air de bienfait. Dès le lendemain matin, plusieurs écrivirent à leurs amis, à leurs parents qu'on rassemblât pour eux quelques hardes, qu'on leur expédiât un peu d'argent ; puis, dans leurs pensées, ils préparèrent leur départ, comme si la seule peine dût être l'exil, comme si le seul voyage qu'ils eussent à accomplir fût celui qui les porterait hors des frontières de France.

Tandis qu'aux Carmes quelques-uns des prisonniers gardaient un reste d'espoir, tout dans Paris achevait de s'exaspérer.

Le 19 août, le roi de Prusse avait franchi la frontière. Les jours suivants, on dénonça les déprédations des troupes étrangères. Qui les acclamait ? Les royalistes, les prêtres. Le 23 août, Merlin de Thionville, reproduisant une motion déjà présentée le 15, proposa que les femmes et les enfants des émigrés armés contre la France fussent retenus comme otages et déclarés responsables du sang versé. Le 26, à la séance du soir, le ministre de la guerre fit connaître à l'Assemblée la reddition de Longwy. « C'est trahison, s'écria-t-on aussitôt » ; et du même coup, contre les ennemis de l'intérieur, les imprécations redoublèrent.

En cet état de trouble apeuré et de soupçonneuse colère, les artisans de crimes avaient beau de se tracer leur chemin. Pour immoler plus sûrement leurs ennemis, ils les dénonceraient tout d'abord comme des ennemis de la patrie. Ayant créé, essayé de créer cette horrible équivoque, ils se hausseraient jusqu'au rang de meurtriers privilégiés, assassins déguisés en justiciers, et ayant droit non seulement à l'impunité, mais à la récompense.

Même aidé par l'extraordinaire confusion des choses, le dessein ne laissait pas que d'être prodigieusement osé. Pour qu'il réussît, il faudrait que les criminels eussent dans le *Comité exécu-*

MASSACRE DES PRÊTRES NON ASSERMENTÉS
AU COUVENT DES CARMES ET A LA PRISON DE LA FORCE

LES ÉGORGEURS ENVAHISSENT LA SALLE DU COMITÉ DE SURVEILLANCE A L'ABBAYE ET DEMANDENT DU VIN

tif un grand complice décidé à ne rien voir, à ne rien entendre, et assez puissant pour paralyser tout à la fois ses collègues et l'Assemblée. On trouva d'abord le grand complice : ce fut Danton.

On connaît cet homme. Dans le comité exécutif formé le 10 août, il avait été appelé au ministère de la justice. Pour son activité débordante, la fonction était un peu vide. La magistrature était devenue élective, en sorte qu'elle échappait à l'autorité centrale. Les seuls agents que le pouvoir eût gardé le droit de nommer étaient les commissaires du roi, et justement on venait de les suspendre, en attendant qu'on les supprimât. N'étant rien chez lui, Danton prit le parti d'être tout ailleurs. Il y réussit. Vers la fin d'août, dans le *Comité exécutif*, il avait, par puissance de vouloir, vigueur d'initiative, expansion de force, presque tout absorbé en lui.

Tout ce qu'il conquerrait pour lui, il le conquerrait pour la Révolution. Bien que de profession bourgeoise, — car il était en 1789 avocat aux Conseils, — il s'était donné tout entier à la cause populaire. C'est au club des Cordeliers qu'il avait révélé sa puissance de tribun. En 1791, après l'affaire du Champ de Mars, il avait dû se cacher. Substitut du procureur syndic dans l'ancienne Commune, il s'était aussitôt lié à la Commune insurrectionnelle. Élu au ministère de la justice, il avait marqué son orientation par le choix de ses auxiliaires. Il avait pris pour secrétaires Fabre d'Églantine et Camille Desmoulins : dans le comité judiciaire dont il s'était entouré siégeaient Barère et Collot d'Herbois.

En cela il obéissait à son tempérament et, pour ainsi dire, à la loi de sa nature. Il était de ces impétueux qui s'étiolent dans la paix, qui grandissent dans les orages. Ses formes athlétiques, son visage aux traits irréguliers mais où se lisait la force, sa voix puissante, presque sauvage, retentissante jusqu'au mugissement, son geste impérieux, un curieux mélange d'audace cynique et de bonhomie joviale, un langage violent, brusque, brutal, mais avec des mots qui peignaient et avec de subites saillies de raison, de sagesse même, tout le marquait comme un conquérant de foule. A ce début de sa carrière, on commençait seulement à le connaître et à démêler en sa physionomie les traits qui se graveraient plus tard. Ce qu'on avait appris permettait déjà de le pénétrer. En lui aucune idée du bien et du mal, mais une nature tout en dehors, surabondante de vie, à la fois sensuelle et commandante ; des alternatives de poussées ambitieuses et de nonchalances voluptueuses, comme il arrive à ceux que travaillent beaucoup de vices et qui, voulant les satisfaire tous, sont embarrassés de les mener de front ; une éloquence abrupte, débordant hors de toutes les règles et dédaigneuse de toute imitation ; un grand mépris des hommes rabaissés tous à l'état d'instruments, bons à utiliser, bons à briser aussi ; rien de cruel, mais aucun frein moral, en sorte que nul excès n'effrayerait si la politique ou l'intérêt paraissait l'exiger ; aucune hypocrisie d'ailleurs, ni aucune prétention de vertu ; au contraire des vices étalés bien au large, mais si amples, si monstrueux qu'ils provoqueraient dans la multitude ébahie une sorte d'horreur admirative ; avec cela quelques-unes des meilleures qualités de l'esprit français, la familiarité aisée, l'esprit de décision, la clarté simpliste, dons heureux et d'un prix rare s'ils se consacraient jamais au service de la patrie en danger.

A la fin d'août, Danton, quoique nouveau dans les grandes charges publiques, était à l'un des tournants de sa carrière. L'Assemblée, si faible qu'elle fût, s'indignait de toujours céder, frémissait des rumeurs de crime qui montaient jusqu'à elle : de là, en elle, — à travers toutes les timidités, toutes les peurs, — une ambition, celle de finir par un acte d'indépendance, celle de secouer le joug de la Commune usurpatrice.

En cette rivalité, où irait Danton ? Là où le portaient ses amitiés, ses fréquentations, ses instincts, ses intérêts. C'est à la Commune qu'il s'attacha.

De la Commune, un pouvoir redoutable émergeait, c'était le *Comité de surveillance* où dominaient des gens à tout oser. Danton n'était pas homme à s'embarrasser de scrupules. Chez lui aucun dégoût, aucun haut-le-cœur de la conscience. Puis, bien qu'il fût l'esprit le moins dogmatique du monde, il professait deux maximes : la première, c'est qu'il n'y a de crimes blâmables que ceux qui ne servent pas ; la seconde, c'est qu'en temps de Révolution, le moyen de gouvernement le plus efficace, c'est la peur.

A l'heure où l'on se trouvait, était-il profitable de se hausser jusqu'au crime ? était-il opportun d'inspirer la peur ? Ici une pensée dominait Danton, pensée où se retrouvait le criminel, mais le criminel se croyant homme d'État, l'étant peut-être. Cette pensée, c'était celle des dangers extérieurs. En prêtant l'oreille, on pouvait, pour ainsi dire, entendre le pas de l'étranger qui se rapprochait. Les Prussiens étaient à Longwy ; leurs éclaireurs avaient été vus autour de Verdun ; bientôt ils déborderaient en Champagne. En cette détresse, il y avait deux conduites possibles : transporter le gouvernement en quelque ville de l'intérieur, à Blois, à Tours, à Bourges, ce qui serait la faillite de la Révolution, peut-être la perte de la France ; ou bien ressaisir toutes les énergies patriotiques, tenir fortement Paris, se porter au-devant de l'ennemi, sauver ainsi l'unité nationale et, du même coup, se sauver de la contre-Révolution. Mais à Paris même, l'étranger n'avait-il pas des complices, dans les demeures privées où habitaient tant de suspects, dans les prisons surtout, remplies de nobles, de prêtres, d'agents du château ? Ne fallait-il pas, par une terrible exécution sommaire, glacer d'effroi les aristocrates, graver dans les yeux de l'ennemi l'image d'une résistance farouche, résolue jusqu'aux plus sinistres forfaits ? Ne fallait-il pas compromettre à tel point la Révolution naissante qu'elle n'eût plus d'autre refuge que la victoire ? C'est ainsi que Danton, cet homme inscrupuleux mais sans cruauté native, rejoignait les hommes de sang. Il ne serait point bourreau ; même on pourrait relever à sa décharge quelques actes isolés de clémence ; mais il laisserait, — lui vrai chef du gouvernement, — il laisserait toutes choses dévier vers le meurtre ; à l'heure du crime il détournerait la tête et contraindrait les autres à la détourner aussi ; puis il essaierait de s'étourdir lui-même et d'én imposer à la postérité par ce mot clamé de sa grande voix tonnante : « Il faut faire peur aux royalistes. »

Entre Danton et les hommes de meurtre, le pacte ne se scella point comme se scelle un acte public ou une convention privée. Au comité de surveillance et dans les bas-fonds des sections, des gens à tout faire méditaient une œuvre de crime. Danton crut que ce crime, loin de contrarier ses plans, pourrait les servir. Et du même coup le complice — complice au moins par inaction — fut trouvé.

On le vit bien à ce qui suivit. Le 28 août, l'Assemblée tenait sa séance du soir. Danton parut et gravit la tribune. Il annonça qu'il parlerait en ministre du peuple, en ministre révolutionnaire. « L'ennemi, dit-il, menace le royaume... Il faut que l'Assemblée se montre digne de la nation. C'est par une convulsion que nous avons renversé le despotisme ; ce n'est que par une grande convulsion nationale que nous ferons rétrograder les despotes. Jusqu'ici nous n'avons fait que la guerre simulée de La Fayette ; il faut faire une guerre plus terrible. » La suite du discours énuméra les mesures de défense nationale à voter d'urgence. Ayant parlé de la sorte, Danton se retourna contre l'autre ennemi, celui du dedans. « On a, dit-il, fermé jusqu'ici les portes de la capitale, et l'on a eu raison. Il était important de se saisir des traîtres, mais y eût-il à Paris trente mille traîtres, il faut qu'ils soient arrêtés demain et que Paris communique avec la France entière. Nous demandons que vous nous autorisiez à faire des visites domiciliaires. Il doit y avoir dans Paris quatre-vingt mille fusils en état. Tout appartient à la patrie en danger. » Ainsi parla Danton. Et incontinent fut arraché à l'Assemblée un décret qui ordonnait dans Paris et dans toutes les communes de l'Empire des perquisitions pour saisir les fusils et les munitions, pour désarmer les citoyens suspects.

Dès le lendemain 29 août, en chacune des quarante-huit sections, trente commissaires furent nommés pour fouiller dans Paris les maisons, les hôtels garnis, les appartements. A la nuit, ces délégués, accompagnés de gardes nationaux et d'agents volontaires, se mirent en route. Toutes les portes de la ville, toutes les issues par la rivière avaient été fermées. Ordre avait été donné aux habitants de rentrer chez eux : donc aucune chance de fuite, quiconque se montrait au dehors se dénonçant par sa seule présence. Tous les contemporains ont conservé dans leur mémoire terrifiée le souvenir de cette inquisition formidable. Deux jours durant, la chasse se prolongea. La Commune enchérit sur les sévérités de l'Assemblée ; et tandis que le décret parlait surtout de rechercher les armes, les commissaires saisirent quiconque semblait suspect. Quel fut le nombre des arrestations ? Les évaluations qui paraissent le plus dignes de foi en portent le chiffre à près de trois mille. Il convient, d'ailleurs, d'ajouter que beaucoup ne furent pas maintenues. Les prisons se trouvaient combles. Il restait à les vider par le meurtre.

Danton laisserait faire, et plus encore la Commune.

Elle était violente par nature : à l'heure où nous sommes, elle l'était aussi par peur. L'Assemblée, inquiète, repentante de ses faiblesses, méditait de l'abattre. Le 30 août, tandis que les visites domiciliaires se poursuivaient dans Paris, elle osa abolir l'autorité usurpatrice. A cet acte viril, les hommes qui, depuis le 10 août, tyrannisaient Paris tremblèrent. Il leur fallait, ou disparaître, ou s'affermir par un redoublement de terreur. Disparaître, c'était s'exposer à la divulgation de leurs abus de pouvoir, de leurs exactions, de leurs vols. Moitié naturelle audace, moitié nécessité, ils se décidèrent pour la terreur. Le 31 août, par l'organe de Tallien, ils vinrent impudemment déclarer à l'Assemblée que le 10 août, en saisissant le pouvoir, ils avaient sauvé la patrie. L'Assemblée, lâche au fond malgré ses intermittences d'énergie, se déconcerta à son tour. Le surlendemain, à la séance du matin, sur la motion de Thuriot, soufflé lui-même par Danton, elle décréta que les membres de la Commune du 10 août resteraient en charge à moins qu'ils ne fussent expressément remplacés par les sections. Les rebelles demeuraient donc les maîtres, mais à la condition de se perpétuer par l'excès de la peur qu'ils inspireraient ; car ils seraient perdus le jour où ils cesseraient de faire trembler.

Pour établir et prolonger la terreur, la Commune insurrectionnelle de Paris n'avait qu'à démuseler les gens du *Comité de surveillance*, Panis, Sergent, Duplain, Jourdeuil. Ces hommes sinistres communiquaient avec les plus exaltés des sectionnaires : « Vous êtes les souverains, leur disaient-ils ; amenez-nous tous ceux que vous pouvez découvrir. » Les Assemblées des Sections avaient d'ailleurs un pouvoir propre ; car elles venaient d'être investies du droit terrible d'interroger, de juger même les individus arrêtés. En outre, Panis avait été, dès le 30 août, autorisé à fortifier ce comité par l'adjonction de trois nouveaux membres. Quels seraient ces nouveaux membres ? Marat ne serait-il pas l'un d'eux ? Bien que dépourvu de titre officiel, déjà il s'était, si nous en croyons Pétion, emparé de la direction et des mouvements de la police. Et le jour où il entrerait au comité serait sans doute celui où commenceraient les massacres.

Cependant les exécutions sommaires, surtout si elles s'accomplissaient en plein jour, en plein Paris, ne seraient possibles que si les masses étaient assez excitées pour croire à la culpabilité des victimes ou assez déprimées pour perdre la faculté de s'indigner.

Or ces jours furent remplis de ces rumeurs confuses et violentes qui préparent et facilitent les grands crimes. L'ennemi s'approchait. A l'intérieur, tout était péril. Dans les Deux-Sèvres venait d'éclater le premier soulèvement des paysans. Le bruit courait qu'un complot contre-révolutionnaire avait été découvert à Grenoble. Était-ce la seule conspiration ? Les journaux démagogiques ameutaient le peuple contre les prisons. En cette impatience de punir, le tribunal du 17 août semblait trop lent. Le 31 août, il acquitta Luce de Montmorin, gouverneur de Fontainebleau, que plusieurs confondaient avec Armand de Montmorin, ministre des Affaires étrangères. Aussitôt contre cette clémence s'élevèrent les protestations de l'auditoire. Elles éclatèrent avec tant de violence que Luce de Montmorin, au mépris de l'arrêt, fut reconduit à la Conciergerie et que Danton, par un plus grand mépris du droit, ordonna la revision de la procédure.

Le 1ᵉʳ septembre, on annonça de nouveaux progrès de l'ennemi. Puis un journal publia, sous le titre de *Lettre d'Allemagne*, un prétendu plan des alliés qui, disait-on, réduiraient Paris par la famine et mettraient à mort tous les révolutionnaires.

La nuit vint. Tout terrifiés, les hommes d'ordre ne songeaient qu'à se cacher, ou bien encore à fuir par les barrières tout récemment ouvertes. Dans les masses régnait un terrible tumulte de pensées : nouvelles réelles, nouvelles supposées, tout affolait : à force d'entendre répéter que l'ennemi le plus dangereux était celui de l'intérieur, on avait fini par se persuader que les grands coupables étaient aux Carmes, à la Force, à la Conciergerie. Puis on se redisait toutes les maximes tant de fois proclamées dans les clubs : le salut du peuple est la suprême loi ; ce que veut le peuple est juste ; le peuple a le droit de tout faire ; la justice du peuple doit être prompte comme l'éclair et frapper comme la foudre ; ou bien encore : la vengeance du peuple est le supplément des lois. Ce mélange de prostration et de colère permettait de tout oser. Le *Comité de surveillance de la Commune*, qu'on appelait aussi *Comité de police ou Comité d'exécution*, épiait l'heure propice.

Panis avait été autorisé à s'adjoindre trois collègues. Il s'en adjoignit six : Lenfant, Guermeur, Leclerc, Duffort, Defforgues, chef de bureau à la mairie et ami de Danton, enfin Marat, *l'ami du peuple*. C'était au matin du 2 septembre. Aussitôt des émissaires furent envoyés dans les sections pour y souffler les motions homicides. Docile à cet appel, la section du faubourg Poissonnière, prenant en considération, disait-elle, « les dangers de la Patrie et les manœuvres infernales des prêtres, arrêta que tous les prêtres et personnes suspectes enfermés dans les prisons de Paris, Orléans et autres, seraient mis à mort ». Le *Comité de surveillance* n'avait plus qu'à s'approprier, comme l'expression de la volonté populaire, le vœu qu'il avait provoqué. Sous quelle forme donna-t-il l'affreux signal ? Il est peu probable que le plan général des massacres ait été fixé dans des instructions écrites. Mais d'après tous les indices des journées qui suivirent, on ne peut douter que de ce Comité, organe des hommes les plus exaltés de la Commune, partit le signal de l'immolation.

Il serait opportun d'assourdir dans le bruit d'une manifestation patriotique les premiers cris des victimes. On venait d'apprendre que Verdun était assiégé. Enchérissant sur la réalité, la *Commune*, en une proclamation, annonça que l'ennemi était aux portes de Paris. Elle provoqua une grande réunion au *Champ de Mars*, stimula les engagements, prescrivit la formation immédiate d'une armée. Puis elle ordonna qu'on tirât le canon d'alarme, qu'on sonnât le tocsin, qu'on battît la générale. Le 2 septembre, à la séance du matin, l'Assemblée fut avisée de ces mesures. Défense nationale et préparation des meurtres, œuvre de gloire, œuvre de honte, tout se poursuivait parallèlement. Dans le même temps, les vrais patriotes se dirigeaient vers le Champ de Mars et les sicaires vers les prisons.

Danton, le 28 août, avait provoqué les perquisitions. Il reparut le 2 septembre. Ce jour-là, vers deux heures, à l'Assemblée, il gravit la tribune. « La patrie, dit-il, va être sauvée ; tout s'émeut, s'ébranle, brûle de combattre. Verdun n'est point encore au pouvoir de l'ennemi. » Il continua en ces termes : « Une partie du peuple va se porter aux frontières ; une autre va creuser des retranchements, et la troisième avec des piques défendra l'intérieur de nos villes. Paris va seconder ces grands efforts. Les commissaires de la *Commune* vont proclamer, d'une manière solennelle, l'invitation aux citoyens de s'armer et de marcher à la défense de Paris... Nous demandons que vous concouriez avec nous à diriger le mouvement sublime du peuple... Nous demandons que quiconque refusera de servir de sa personne ou de remettre ses armes soit puni de mort. » En ce moment-là même, le tocsin sonnait aux églises, le canon tonnait, la générale battait, et tout ce fracas patriotique était l'image d'une grande convulsion où le crime et l'héroïsme se mêleraient sans qu'on pût toujours séparer l'un de l'autre : « Le tocsin, ajouta Danton, n'est point un signal d'alarme, mais la charge contre les ennemis de la patrie. »

Et de son grand geste il enveloppait deux ennemis, celui du dehors qu'il désignait, celui du dedans qu'il s'abstenait de nommer, que lui-même ne frapperait point, que par humanité il eût préféré épargner, mais qu'il livrait comme pâture négligeable aux hommes de proie : « De l'audace, poursuivait-il avec un redoublement de véhémence, de l'audace, toujours de l'audace, et la France sera sauvée. »

Aux Carmes, la journée du 1ᵉʳ septembre s'était écoulée dans la monotonie morne de la captivité. Plusieurs, les yeux fixés sur la loi de déportation, se flattaient encore de ne subir d'autre peine que l'exil. Dans l'après-midi, on sut l'agitation croissante, et la clameur qui montait vers les prisons. Ces informations abattirent ce qui restait d'espoir. Quelques détenus avaient été mis en liberté les jours précédents, et ces élargissements avaient paru signe propice. Sur de nouvelles réflexions, une interprétation plus sombre prévalut, et l'on se dit que ceux qui étaient partis avaient dû sans doute leur délivrance à quelque puissant protecteur attentif à les préserver. Dans la soirée, un jeune prêtre, l'abbé Letourneur, réussit, grâce à la connivence d'un des fournisseurs, à s'introduire dans la maison, et de nouveau fit reluire la perspective d'une simple déportation : « Non, mon enfant, lui répondit l'un des captifs, l'abbé Tessier, nous ne sortirons pas d'ici. »

C'était un samedi. Les prêtres se confessèrent entre eux pour le dimanche, et déjà sous l'impression toute vive du prochain jugement de Dieu. Puis de nouveau ils débattirent la légitimité du serment, dit serment de *liberté-égalité*. Si les persécuteurs l'imposaient comme prix de la délivrance, devrait-on le prêter ou le refuser ? La majorité se décida pour le refus, et en une résolution que l'imminence du danger marquait d'un singulier héroïsme. Ainsi s'acheva la veillée du martyre.

Le jour parut. A défaut de la messe qu'ils n'étaient pas admis à célébrer, les confesseurs se mirent en prières. Quelques parents, quelques amis purent encore voir les prisonniers. Comme ceux-ci les questionnaient, ils répondirent en termes évasifs et en retenant leurs larmes. Le dîner fut servi à midi : il se passa comme à l'ordinaire et même, assure l'un des survivants, fut coupé de quelques propos enjoués. Après le repas, il y eut un appel nominal supplémentaire comme si l'on eût craint quelque évasion. La garde avait été changée et se composait d'hommes armés de piques et coiffés de bonnets rouges. La promenade habituelle fut d'abord différée ; puis entre trois et quatre heures l'ordre fut donné à tous les prisonniers, même infirmes, même malades, de descendre dans le jardin. Ils obéirent. Du dehors on entendait les détonations du canon et aussi, par intervalles, le bruit de vociférations lointaines. En dépit de tous ces signes, ni le courage ni la confiance en Dieu n'étaient altérés ; c'est du moins ce que nous apprend l'un des récits qui ont été conservés. Ce jardin, qui allait devenir pour les catholiques terre sacrée, est resté, par une singulière fortune, presque intact jusqu'à nos jours. On y descendait par quelques degrés de pierre en venant de la sacristie de l'église. Il se composait d'un vaste carré subdivisé en quatre portions presque égales et au centre duquel régnait un bassin circulaire. Le long des murs s'étendaient quelques allées ombragées de charmilles et d'arbres déjà vieux. Les limites étaient marquées au sud par les bâtiments et l'église à dôme du couvent, à l'est par des maisons qui avaient jour sur la rue Cassette, à l'ouest par des hôtels, cours ou dépendances qui avoisinaient la rue du Regard, au nord enfin par deux couvents de religieuses. A l'extrémité du jardin s'élevait un oratoire consacré à la Vierge ; c'était là que les prisonniers avaient, comme on l'a dit, pris coutume d'aller prier. C'est vers cet oratoire que beaucoup d'entre eux se dirigèrent. Suivant une règle simple et salutaire, ils jugeaient que la plus sûre préparation à la mort est d'accomplir heure par heure les obligations du devoir quotidien. C'était dimanche, c'était heure des vêpres, et, sans souci du péril, les yeux tournés vers le ciel qui les recevrait bientôt, ils se mirent à réciter, comme aux jours paisibles, les psaumes liturgiques. Seuls quelques-uns arpentaient les allées, méditant et priant ; un autre prêtre, l'abbé Girault, se tenait immobile, son bréviaire à la main, près du bassin central. Cependant l'heure était proche de l'immolation.

Vers le couvent deux bandes se dirigeaient qui, se suivant à peu d'intervalle, accompliraient l'œuvre de sommaire vengeance. La première bande venait de l'église Saint-Sulpice. Là-bas, dans l'église même, se tenait l'assemblée générale de la section, sous la présidence de Joachim Ceyrat, nouvellement élu juge de paix. Sur la motion d'un marchand de vin du nom de Prière, elle venait, en dépit de quelques résistances, de voter l'exécution des prisonniers avant le départ des volontaires pour l'armée. Aussitôt les plus fougueux des démagogues, accompagnés de quelques fédérés marseillais, avaient résolu de se porter vers les Carmes. Ils s'étaient mis en route et, se prévalant du vœu de la section, avaient pénétré dans le couvent. Bientôt on les vit s'introduire dans les cellules qui donnaient sur le jardin : de là ils se mirent à menacer les prêtres de leurs sabres et de leurs piques, mais sans fondre encore sur eux. Tout éperdus, les prisonniers se serrèrent dans l'oratoire. L'archevêque d'Arles était au milieu d'eux. Il les exhorta au courage : « Si c'est le moment de notre sacrifice, disait-il, remercions Dieu d'avoir à lui offrir notre sang pour une si belle cause. » Une seconde bande approchait. Pour comprendre comment elle s'était formée, il faut dire ce qui, depuis quelques heures, se passait dans Paris.

A la suite des visites domiciliaires et des arrestations opérées dans la rue, un certain nombre de suspects avaient été déposés à la Mairie, en attendant qu'ils fussent répartis entre les diverses prisons. Le 2 septembre, vers deux heures et demie, vingt-quatre d'entre eux, après avoir été interrogés, furent entassés dans des fiacres et dirigés vers l'abbaye Saint-Germain sous l'escorte de fédérés marseillais et bretons. Le cortège se mit en route par le Pont-Neuf, la rue Dauphine, le carrefour de Buci. Chemin faisant, les fédérés ameutaient les passants contre ceux qu'ils avaient charge de garder : « Voilà, leur disaient-ils, les ennemis du peuple, ceux qui n'attendaient que votre départ pour égorger vos femmes et vos enfants ; voilà nos sabres, nos piques ; donnez la mort à ces monstres. » Les détonations du canon d'alarme, le son du tocsin, la nouvelle répandue de la prise de Verdun, le bruit très accrédité d'un complot, tout provoquait un bouillonnement de colère furieuse et affolée. Les malheureux essayaient de fermer les portières, mais elles étaient aussitôt rouvertes. Que se passa-t-il alors ? Y eut-il, comme le prétend l'un des récits, une provocation de l'un des prisonniers ? Ce qui est certain, c'est que plusieurs d'entre eux furent immolés en route par les fédérés ou par la foule ; les autres furent massacrés dans la cour de l'Abbaye, près du lieu même où siégeait le comité de la section des *Quatre-Nations*. Trois seulement furent sauvés, parmi lesquels l'abbé Sicard, l'instituteur des sourds-muets.

Au milieu des tueurs était Maillard, demi-homme de loi, demi-homme de coups de main, fameux dans les bas-fonds populaciers depuis l'insurrection des 5 et 6 octobre, et fait à point pour les besognes sinistres. « Il n'y a rien à faire ici, cria-t-il, allons aux Carmes. » Et entraînant quelques-uns des siens, il les poussa vers le couvent. C'est ainsi que la nouvelle bande débouchant de l'Abbaye se joignit à celle qui venait de Saint-Sulpice et semblait, pour ainsi dire, attendre un renfort. Il était alors près de cinq heures du soir.

Les bandits rassemblés se ruèrent dans le jardin. Ils étaient armés de fusils, de piques, de sabres, de bâtons. Près du bassin était l'abbé Girault, toujours absorbé dans sa prière. De son sabre un des brigands lui fendit la tête. Un autre prêtre, l'abbé Salins, accourut, espérant encore conjurer le crime. D'un coup de fusil il fut abattu. Puis les meurtriers s'enfoncèrent dans les allées, criant : *L'archevêque d'Arles ! l'archevêque d'Arles !* L'archevêque était odieux par sa dignité, et aussi par les menées qu'on lui attribuait ; car la cité d'Arles, sa ville métropolitaine, avait été l'un des principaux centres de la résistance contre-révolutionnaire. Ayant découvert le prélat non loin de l'oratoire, l'un des sicaires l'interpella : « C'est donc toi, scélérat qui es l'archevêque d'Arles ? — Oui, messieurs, c'est moi. — C'est toi qui as fait verser dans

Arles le sang des patriotes. — Je n'ai jamais fait de mal à personne. — Eh bien, moi, je vais t'en faire, dit l'un des assassins. » De deux coups de sabre il lui fendit le crâne ; on l'acheva à coups de pique. Puis les misérables pénétrèrent dans l'oratoire. Là s'étaient blottis, au pied de la croix, plusieurs prisonniers, l'abbé Després, grand vicaire de Paris, les frères Thorame, quelques autres ; presque tous furent immolés.

A travers le jardin les prêtres fuyaient éperdus. Ce fut une chasse à qui les atteindrait. « C'est le parc aux cerfs », disaient les assassins avec un ricanement féroce. Les meurtriers étaient peu nombreux, vingt ou trente à peine, mais acharnés. L'évêque de Beauvais fut atteint d'un coup de feu et laissé gisant sur le sol. Le Père Hébert, supérieur général des Eudistes, fut massacré. Cependant, quelques-uns s'efforçaient de se dissimuler dans les charmilles ; d'autres en assez grand nombre, plus agiles ou plus forts, réussirent à monter sur les arbres dont les branches surplombaient les murs de clôture ; puis, se laissant glisser le long des murs, ils tombèrent dans les cours des enclos voisins.

A ce moment, un individu, que les récits contemporains désignent sous le nom de *commandant du poste,* ordonna aux prisonniers de rentrer dans l'église. Le but était-il de mêler aux meurtres un simulacre de justice ? Ou bien voulait-on, en remisant les victimes comme on ferait d'un gibier, s'assurer que nul n'échapperait ? Les souvenirs des survivants, confus, altérés par l'horreur des choses, autorisent ces deux versions, quoique la première paraisse plus vraisemblable. Les infortunés revinrent vers l'entrée, remontèrent — souvent avec peine, car quelques-uns avaient été déjà blessés — le petit escalier par lequel ils étaient sortis, et passant au milieu de gens à piques qui menaçaient de les massacrer, ils rentrèrent dans le sanctuaire. Ils y jouirent, pendant quelques instants, d'une tranquillité inattendue. Cependant du dehors les tueurs réclamaient leur proie. Un homme, indiqué par l'un des survivants sous l'appellation de *commissaire,* essaya deux fois d'arrêter les bandits. Ses efforts furent vains. Près de la porte par où l'on descendait dans le jardin, les assassins dressèrent une table ; ils y posèrent, non le registre d'écrou, — car il n'y en avait point à la maison des Carmes, qui n'était point officiellement prison, — mais la feuille contenant la liste des détenus. Devant cette table un homme se plaça. Qui était-il ? On a prétendu que c'était Violette, délégué de la section du Luxembourg. L'assertion est peu vraisemblable ; car il semble que Violette ait été précisément ce *commissaire* qui essaya d'arrêter les meurtriers ; ce même Violette, d'ailleurs, réussit un peu plus tard à arracher plusieurs prêtres à la mort. L'individu qui s'assit à la table dut être, soit l'un des sicaires de Maillard, soit Maillard lui-même, préludant ainsi à l'horrible besogne que bientôt il accomplirait en grand à l'*Abbaye*. Deux par deux, les prêtres qui étaient dans l'église furent appelés. On leur faisait traverser le corridor qui conduisait du chœur à l'escalier. C'est ainsi qu'ils étaient traînés devant le personnage, mi-scribe mi-bourreau, qui compulsait en ses mains l'état nominatif des prisonniers. Celui-ci s'assurait de l'identité des personnes, du refus de prêter serment ; puis sur le petit perron et au bas de l'escalier, les égorgeurs attendaient ; et à coups de piques, à coups de sabres, tailladant les vêtements, mettant à nu les chairs sanglantes, ils abattaient les victimes. Ainsi périrent, — autant du moins que les récits et les traditions orales permettent de fixer un ordre dans cette liste funèbre, — ainsi périrent l'abbé Galais, supérieur des Robertins, puis les abbés Ménuret, Gagnères des Granges, Guilleminet et les frères Nativelle. Dans l'église, les confesseurs, en attendant leur tour, récitaient pour eux-mêmes, pour leurs compagnons, les prières des agonisants. Au milieu d'eux était M. de Valfons, associé à leurs périls comme il l'avait été à leurs pieux exercices. Amené sur le seuil de l'escalier fatal, il dédaigna de se séparer de ceux dont il avait partagé la captivité : « J'appartiens, dit-il simplement, à la religion catholique, apostolique et romaine. » Et il fut massacré. Les meurtres se succédaient, avec la même répétition de formalités sommaires et d'impitoyables barbaries. Blessé dans le jardin, l'évêque de Beauvais avait été ramené dans le sanctuaire ; il s'y tenait étendu sur un matelas, car il avait la cuisse fracassée d'un coup de feu. Plusieurs des bandits pénétrèrent dans le chœur : « Où est l'évêque de Beauvais ? — Vous voyez que je ne puis marcher, répondit doucement le prélat, ayez la charité de me porter où je dois aller pour mourir. » Et on le soutint jusqu'à l'escalier où il fut égorgé. Un instant auparavant avait été tué son frère, Pierre-Louis de La Rochefoucauld, évêque de Saintes. L'église commençait à se vider tandis qu'au dehors s'amoncelaient les cadavres. Cependant, la constance des confesseurs ne se lassait pas plus que la férocité des bourreaux : « Je ne comprends pas ces prêtres, disait le lendemain Violette, le commissaire de la section ; ils allaient à la mort comme ils eussent été à des noces. »

Pendant ce temps, à deux cents pas des Carmes, dit un témoin oculaire, trois cents hommes armés faisaient l'exercice au Luxembourg. Un détachement de garde nationale était au séminaire Saint-Sulpice ; un autre était rue Palatine, sous les ordres d'un chef qu'on appelait Tanche. De bonne heure, Tanche avait été averti du péril par un horloger du quartier nommé Carcel. Tout d'abord il ne bougea pas. Plus tard il vint à la section, demanda ce qu'il fallait faire. Il fut alors autorisé à se rendre aux Carmes « avec trente hommes sans armes » pour prévenir, dit le procès-verbal de la section, les *accidents*. Tanche se mit en route, n'empêcha rien et se borna à rapporter que la force eût été inutile ; quoiqu'il n'y eût dans le couvent qu'une quarantaine d'assassins, il ajouta qu' « une multitude innombrable venait de sacrifier à sa juste vengeance les prêtres perturbateurs ». La section félicita le commandant de « son patriotisme », et « applaudit à la prudence qu'il avait déployée en cette circonstance délicate ».

Vers sept heures du soir, les assassins se divisèrent en deux bandes : les uns regagnèrent l'*Abbaye Saint-Germain* ; les autres demeurèrent dans l'église, ripaillant, inspectant les poches des morts, et trop fatigués de leur besogne pour scruter beaucoup les cachettes où quelques malheureux se tenaient blottis. Cependant un prêtre de la communauté de Saint-Sulpice, l'abbé Dubray, fut découvert, dissimulé entre deux matelas, et fut aussitôt abattu à coups de sabre. Si, à la chute du jour, on eût fouillé les allées, les massifs, l'oratoire à l'extrémité du jardin, l'église et surtout les abords de l'escalier fatal, on eût compté cent quatorze cadavres. En deux heures tout avait été consommé, un peu plus d'une minute par meurtre. Le reste des prisonniers avait dû à des causes diverses de garder la vie sauve : un assez grand nombre avait réussi à escalader les murs du jardin ; d'autres, s'amincissant de leur mieux, s'étaient cachés sous les bancs, derrière l'une des chapelles ou dans un passage qui conduisait à la chaire ; deux s'étaient dissimulés dans les cabinets d'aisances ; quelques-uns furent réclamés par des voisins charitables et courageux. Un Eudiste, l'abbé Saurin, Provençal d'origine, fut préservé par un fédéré marseillais qui reconnut en lui un compatriote. Beaucoup de ces *réchappés* furent conduits à la section. Ils y passèrent la nuit entre la vie et la mort. Un homme se leva pour réclamer qu'ils fussent aussitôt livrés au supplice. Cependant les égorgeurs se plaignaient d'avoir été mal payés de leur peine, regrettaient d'avoir tailladé mal à propos les vêtements des victimes, en sorte qu'ils ne pouvaient tirer parti des dépouilles. L'un d'eux s'approcha des prêtres sauvés, tâta leurs habits, se demanda si la qualité des hardes valait un nouveau meurtre. Il se trouva que l'étoffe était usée, et à cette circonstance, plusieurs des survivants durent de ne point périr.

Il fallait déblayer le couvent tout encombré de morts. Au matin du 3 septembre, sur deux chariots on jeta les cadavres. Au cimetière de Vaugirard des fosses avaient été creusées. Là-bas, pêle-mêle, on jeta les restes que l'on recouvrit de chaux vive. Pourtant l'opération était longue, le cimetière était loin, et sans doute aussi les chariots trop petits. Les corps qu'on ne put emmener furent enfouis, les uns dans un ancien puits, les autres dans une fosse creusée en pleine terre, non loin du petit oratoire où les prêtres, durant leur captivité, étaient venus tant de fois prier. Bien que la Révolution eût oblitéré bien des souvenirs et que

A LA PRISON DE L'ABBAYE EN SEPTEMBRE 1792, dessin de Raffet.

MASSACRE DE FEMMES A L'HOPITAL DE LA SALPÉTRIÈRE LE 3 SEPTEMBRE 1792

ASSASSINAT, A L'ABBAYE, DE L'ABBÉ LENFANT, AU MOMENT OÙ IL EXHORTAIT A LA MORT SES COMPAGNONS D'INFORTUNE

MASSACRE DES PRISONNIERS D'ORLÉANS ALORS QUE LEUR CONVOI TRAVERSE LA VILLE DE VERSAILLES

l'obscurité se fût faite sur l'endroit exact des sépultures, la piété populaire ne cessa d'honorer ces lieux témoins du massacre et d'y déposer des croix et des couronnes. Soixante-quinze ans plus tard, en 1867, des fouilles furent organisées pour retrouver les ossements ; elles furent aidées par les indications d'un vieillard d'asez mauvaise mine qui sans doute avait vu dans son enfance la sombre tragédie : « C'est là que vous devez chercher, dit-il en désignant quelques marches en pierre près de la rue d'Assas. » Et il disparut sans vouloir dire son nom. Les ossements furent ramenés au jour ; et dans la crypte des Carmes, les saintes reliques furent rassemblées par les soins de l'archevêque, Georges Darboy, marqué lui-même pour le martyre.

Après les Carmes, l'Abbaye.

A la chute du jour, une partie des égorgeurs se rabattit vers Saint-Germain-des-Prés. Ils envahirent la salle dite *Salle des Hôtes* où siégeait le comité de la section des *Quatre-Nations* et demandèrent du vin. Dans la cour adjacente étaient encore étendus les cadavres des malheureux, immolés à la descente des fiacres. A ces meurtres s'étaient ajoutées quelques autres exécutions sommaires. Billaud-Varenne, substitut du procureur de la Commune, était venu et avait prononcé une harangue qui se terminait ainsi : « Peuple, tu fais ton devoir, tu égorges tes ennemis. » Les meurtriers arrivés des Carmes burent et jusqu'à s'enivrer. Sur ces entrefaites, l'un des brigands désigna du geste la prison de l'Abbaye, située à l'autre extrémité du célèbre monastère et où se trouvait internée la masse des suspects : « C'est là, clama cet homme, qu'il faut aller ; là il y a du gibier. »

Et toute la meute partit. Devant les bandits les guichets s'ouvrirent. Aussi bien les scélérats ne pouvaient-ils pas se croire chargés d'un service public ? Une dépêche du *Comité de surveillance*, signée Panis et Sergent, venait de leur être remise qui était ainsi conçue : « Mes camarades, il vous est ordonné de juger tous les prisonniers de l'Abbaye sans distinction, à l'exception de l'abbé

Lenfant que vous mettrez en lieu sûr. » Ce qui suivit est demeuré gravé dans la mémoire des contemporains. Les assassins imaginent de se transformer en magistrats. Au milieu d'eux est Maillard, l'homme sinistre. Ils l'acclament pour président. Lui-même choisit douze individus de sa suite, — douze escrocs, dit l'une des relations conservées, — pour former le tribunal. Les misérables accaparent le registre d'écrou. Ils n'auront qu'une peine : la mort. Seulement ils éviteront d'en prononcer le nom, et conviennent qu'ils masqueront la sentence sous l'aspect d'un simple transfèrement dans une autre prison : « *A la Force !* », prononcera le président ; et ce mot signifiera livraison de la victime. On commence par les Suisses ; en masse, ils sont abandonnés aux égorgeurs ; on tire ensuite de la prison vingt-cinq gardes du roi qui sont pareillement assassinés. Puis c'est le tour de Montmorin, l'ancien ministre des affaires étrangères : « *A la Force !* », commande le président, et le prisonnier tombe sous les coups. Le massacre se poursuit : c'est Thierry de Ville-d'Avray, premier valet de chambre de Louis XVI, qui meurt en criant : « *Vive le roi !* », c'est le lieutenant général de Wittgenstein ; ce sont les deux juges de paix Buob et Bosquillon, dont le seul crime est d'avoir naguère essayé d'imposer la vraie justice.

A la nouvelle des exécutions, le conseil de la Commune s'était réuni. Il décide de protéger les détenus pour dettes, les menus délinquants, et par ce langage semble abandonner à leur sort le reste des prisonniers. Il nomme aussi des commissaires pour se transporter à l'Abbaye. Manuel s'y rend, bégaie quelques paroles d'humanité, engage à mêler aux *vengeances légitimes* une certaine justice, mais ne réussit pas à dérober aux sicaires une seule existence. Quelques heures plus tard arrive Billaud-Varenne qui est déjà venu dans l'après-midi. Il parle aux égorgeurs, non pour les décourager ou les flétrir, mais pour leur promettre un salaire.

En cette soirée du 2 septembre, les membres du Comité exécutif, c'est-à-dire les ministres, se rassemblent. Là se trouve Danton, l'homme fort, l'homme populaire, le vrai chef du gouvernement, l'homme qui peut tout pour le bien comme pour le mal. On sait les massacres. Il est sollicité en faveur de ceux qu'on immole. Si nous en croyons les *Mémoires* de Mᵐᵉ Roland, il répond en termes cyniques : « Je me f... des prisonniers. Qu'ils deviennent ce qu'ils pourront ! »

Que fait l'Assemblée ? Il semble que, pendant plusieurs heures, elle n'ait rien recueilli, hormis de vagues rumeurs. A neuf heures du soir, des officiers municipaux arrivent, mi-improbateurs, mi-porteurs de nouvelles ; ils annoncent qu'il se fait des rassemblements autour des prisons, que le peuple veut en forcer les portes. « Deux cents prêtres viennent d'être égorgés aux Carmes », s'écrie l'évêque Fauchet. Il y a un comité exécutif, des gendarmes, des gardes nationaux. L'Assemblée se contente de nommer des délégués « qui parleront au peuple et rétabliront le calme ». Parmi les commissaires, il y a Audrein qui est prêtre, Basire qui est de la Montagne, et un vieillard respectable, Dusaulx, lettré distingué et d'opinion modérée. Ils arrivent, trébuchent sur les cadavres, haranguent les égorgeurs, n'obtiennent rien. Audrein, à cause de son costume ecclésiastique, est menacé. Le vieux Dusaulx, au retour, clôt son récit par cette phrase, digne de Shakespeare : « Les ténèbres ne nous ont pas permis de voir ce qui se passait. » Et Basire, dans une lettre, se borne à dire en une réminiscence de Berquin : « Il faut que l'homme sensible s'enveloppe la tête de son manteau. »

Et toute la nuit les massacres continuent. C'est la même justice sommaire : les juges et les bourreaux se relayant : des citoyens courageux accourant avec des certificats, et sauvant çà et là quelques innocents ; le plus souvent une simple consultation du registre d'écrou et les mots sinistres : « *A la Force !* » Parfois les victimes sont exécutées devant le guichet même de la prison. Le plus souvent elles sont traînées, à deux cents mètres plus loin, jusque dans la cour de Saint-Germain-des-Prés, pour y être achevées. Dans cette cour s'étale un spectacle qu'aucune plume ne peut rendre : les assassins allument des lampions, apportent des bancs, appellent les prostituées du quartier. Le meurtre devient fête, la tuerie amusement. Faisant galerie, les assistants ripaillent, guettent l'arrivée des prisonniers, s'égaient des poses des victimes, applaudissent, rient, chantent. Il arrive que les coups sont savamment ménagés pour allonger les agonies. Les yeux s'emplissent d'une horrible volupté, celle de raffiner la souffrance et aussi celle de tenir à terre tout ce qui a dominé. Puis la cruauté se mêlant de lubricité, sur les corps tout chauds se pratiquent des mutilations sans nom. Cependant, tout à côté, leurs croisées donnant sur cette cour, les membres du comité de la section sont là, glacés, inertes, tout rétrécis d'épouvante, ayant juste assez d'énergie pour ne pas trop approuver. Les massacreurs ont soif, et ils leur signent des bons de vin ; ils ont faim, et ils leur signent des bons de vivres ; puis, comme le sang ruisselle partout, ils signent des bons de paille pour couvrir le sol et dissimuler un peu les traces des meurtres.

L'aube paraît. Un instant, les meurtriers s'arrêtent de tuer, par lassitude plus encore que par satiété de sang. N'y avait-il aucun espoir ? Le bruit des massacres s'était répandu. On vit quelques gardes nationaux sortir de leur domicile, se rendre aux lieux habituels de rassemblement, s'offrir pour le service de l'ordre. La répression était aisée. D'après les évaluations qui paraissent le plus exactes, le nombre des *tueurs,* en ces journées et par toute la ville, ne dépassa guère deux cents. Mais les commandants de la force armée répondent : « Nous n'avons pas d'ordres. » On a retrouvé les registres de l'état-major de la garde nationale. Pour la journée du 3 septembre, on y relève cette simple mention : « Une foule de gens armés s'est portée cette nuit dans les prisons et a fait justice des malveillants de la journée du 10. Rien autre. » Et c'est tout.

A l'*Abbaye,* pendant toute la journée du 3, les massacres se prolongèrent. En cette immolation, quel fut le contingent des prêtres ? Autant les calculs sont faciles pour les *Carmes,* autant ils deviennent ici malaisés. A la différence des *Carmes* et de *Saint-Firmin,* la prison de l'*Abbaye* avait été surtout consacrée aux militaires, aux fonctionnaires, aux gens de cour. Jusqu'au 1ᵉʳ septembre, deux ecclésiastiques seulement y avaient été enfermés. On a la preuve que, le 1ᵉʳ septembre, vingt-trois autres au moins y avaient été écroués. Ces vingt-cinq prêtres furent tous massacrés : vingt-quatre d'entre eux furent mis à mort par les sicaires de Maillard ; le vingt-cinquième, l'abbé Lenfant, élargi tout d'abord, fut dénoncé par la voix publique et assassiné dans la rue. En outre, parmi les prisonniers, au nombre d'une vingtaine environ, amenés le 2 septembre de la mairie dans les fiacres et presque tous égorgés, beaucoup étaient prêtres ; ce qui porte à trente-cinq ou quarante le chiffre des prêtres tués. — Mais là ne se borne point la liste funèbre. Outre la prison proprement dite de l'*Abbaye*, une prison provisoire avait été aménagée à la hâte tout près du lieu où siégeait le *Comité de la Section des Quatre-Nations*. Les attestations de Jourdan, président de la Section, de Mehée, de l'abbé Sicard, d'autres encore, ne laissent aucun doute à cet égard. Cette prison supplémentaire occupait, soit le réfectoire, soit les bâtiments du cloître. Combien de prêtres y furent renfermés ? Quel fut leur sort ? Combien furent immolés ? Combien sauvés ? Ici l'embarras est extrême, aucun registre d'écrou n'ayant été tenu dans cette geôle de hasard. L'abbé Sicard parle de soixante prisonniers transférés le 1ᵉʳ septembre de la mairie à l'*Abbaye* : or le nombre des entrées dans la prison principale pour cette journée est bien inférieur à ce chiffre ; d'où l'on peut inférer que beaucoup de ces prisonniers ont trouvé place dans la prison supplémentaire. N'étaient-ils pas, en majorité, prêtres ? Il y a lieu de le croire, car l'abbé Sicard parle d'eux comme de confrères ou, suivant son expression, comme de « camarades ». Enfin la plupart n'ont-ils pas été mis à mort ? La supposition est très vraisemblable ; car la qualité de prêtre était, à elle seule, un titre presque sûr à l'immolation.

Des *Carmes*, de l'*Abbaye*, la fureur de tuer s'était étendue à toutes les prisons. La nuit du 2 au 3 septembre et la journée qui suivit comptent parmi les heures les plus honteuses de l'histoire de France.

Le 3 septembre, vers une heure du matin, les assassins se portèrent dans le quartier du Marais, à l'*Hôtel de la Force*, transformé en maison de détention. Là avaient été écroués des militaires, des dames de la cour, une dizaine de prêtres. Comme à l'Abbaye, les meurtriers organisèrent une sorte de tribunal et se parèrent d'un simulacre de justice. Puis les exécutions commencèrent, publiquement, au cœur même de Paris, non loin de l'Hôtel de Ville. « *A l'Abbaye !* », ordonnait le Président, tout de même qu'à l'*Abbaye*, on disait : « *A la Force !* » Et cette formule signifiait arrêt de mort. D'autres fois, on disait : « *Élargissez monsieur* » ; et la victime ainsi désignée tombait sous les coups. Manuel parut, essaya de s'interposer et ne fut pas plus écouté à la *Force* qu'il ne l'avait été à l'*Abbaye*. Cent soixante-dix personnes environ furent immolées, parmi lesquelles M. de Rulhières, ancien commandant de la garde à cheval de Paris, M. de la Chesnaye, ancien chef de légion de la garde nationale, enfin la princesse de Lamballe. Parmi les prêtres, trois furent massacrés : l'abbé Lelivec, ancien jésuite, l'abbé de Lagardette, vicaire de Saint-Gervais, l'abbé Bottex, prêtre du diocèse de Belley et ancien député aux États généraux.

En cette même nuit, on assassinait à la *Conciergerie*, toute voisine du Palais de Justice. En ce lieu fut tué Luce de Montmorin, gouverneur de Fontainebleau, acquité l'avant-veille par le tribunal criminel ; puis furent égorgés plusieurs officiers suisses. Jusque-là, le meurtre se colorait de haine politique. Ce qui suivit déconcerte et stupéfie. Quand, à la Conciergerie, les sicaires n'eurent plus d'ennemis à tuer, ils se rabattirent sur les criminels vulgaires et, autant qu'on peut fixer les chiffres un peu incertains, en immolèrent plus de trois cents. Ils firent de même à la prison du *Châtelet* ou deux cent vingt-trois individus furent mis à mort, à la tour Saint-Bernard où soixante-douze galériens furent égorgés.

C'est ainsi que toute humanité s'absorbait dans une sauvage et brutale volupté de détruire. Puis ne parlait-on pas, depuis plusieurs jours, d'un vaste complot ourdi dans les prisons, complot qui avait pour instigateurs les aristocrates, qui aurait pour exécuteurs les condamnés eux-mêmes ? Une ignorance violente, inapte à rien discerner, se décidait, avec une logique féroce, à tout abattre. Cependant, il y avait des victimes plus agréables à tuer que les malfaiteurs : c'étaient les prêtres, si l'on en pouvait encore découvrir. « Si tu es un prêtre, tu es flambé », disait un homme du peuple à l'un des prisonniers de l'Abbaye. Or, à Saint-Firmin, il restait encore des prêtres, il en restait même beaucoup. C'est de ce côté que, dans l'après-midi du 3 septembre, les égorgeurs se rabattirent.

Le séminaire Saint-Firmin, sur le versant oriental de la montagne Sainte-Geneviève, avait reçu le 13 août une cinquantaine d'ecclésiastiques, vingt du 13 au 28 août, et une vingtaine encore à la suite des perquisitions des 29, 30, 31 août. Parmi ces détenus, quelques-uns, comme M. de Sainte-Aulaire, chanoine de Poitiers, se recommandaient par la naissance ; d'autres étaient renommés par leur science ou leur érudition : tel l'abbé Lhomond, auteur de grammaires destinées à demeurer longtemps classiques, tel aussi l'abbé Hauy, de l'Académie des sciences, tel enfin l'abbé Carnus, originaire du diocèse de Rodez et très mêlé aux premières expériences d'aérostation. Entre les membres de l'ancien clergé paroissial, on remarquait surtout l'abbé Gros, curé de Saint-Nicolas-du-Chardonnet, d'âme un peu vacillante, mais charitable jusqu'au dépouillement. De même qu'aux Carmes, un laïque se trouvait mêlé à tous ces prêtres : c'était M. de Villette, militaire lui aussi comme M. de Valfons, de même foi, de même piété, et qui, depuis six ans, était, à titre de pensionnaire, l'hôte de Saint-Firmin.

A Saint-Firmin, la vie, même en ces jours terribles, était, à ce qu'on assure, moins triste qu'on ne l'eût supposé. L'habitude du péril émoussait le péril même. Chaque détenu, en arrivant, retrouvait ses supérieurs, ses anciens maîtres, des confrères perdus de vue depuis longtemps : de là des reconnaissances, des retours sur le passé, des entretiens presque enjoués. Le règlement souffrait d'ailleurs quelques indulgentes atténuations. Plusieurs serviteurs fidèles avaient même été gardés qui ne partirent qu'au dernier moment. Cependant, les nouveaux venus, arrêtés du 29 au 31 août, apportèrent des impressions plus sombres : « Nous sommes, disaient-ils, de rang trop modeste pour être des otages, nous ne pouvons être que des victimes. » Comme l'abbé Gros, affectant un calme que peut-être il ne conservait plus, disait familièrement à l'abbé Laurent : « Il ne faut point ici broyer du noir. — Je ne suis pas triste, répondit celui-ci ; je suis seulement grave et sérieux comme celui qui est proche de la mort. » Et il demanda qu'on voulût bien lui donner l'*Exhortation au martyr* de saint Cyprien.

Tout en effet présageait les pires excès. Depuis le 10 août, du Panthéon jusqu'aux Gobelins la terreur régnait ; et les modérés ne craignaient plus qu'une chose, c'était d'être surpris à faire le bien. Beaucoup d'entre eux, ayant été notés comme *Feuillants*, affectaient au service de la politique nouvelle toutes les ardeurs des nouveaux convertis. « Je vous ai eu autrefois quelques obligations, disait à l'abbé Gros un marchand de vin nommé Meunier, mais depuis que j'ai senti mon égalité, tout est fini entre nous. » Des bas-fonds émergeait une plèbe ignoble où se démenaient quelques femmes atroces, acharnées à la délation. La section, autrefois *Section du Jardin des Plantes*, venait de se décorer d'un nom suggestif : elle se nommait la *Section des sans-culottes*. Dans le comité exécutif de cette section siégeait Henriot, commandant d'un des bataillons de la garde nationale, véritable convulsionnaire, et l'un des maniaques de la Révolution.

Le 30 et le 31 août deux prêtres, parmi lesquels l'abbé Hauy, furent élargis. La journée du dimanche 1er septembre s'écoula pleine d'anxiété, quoique dans une connaissance incomplète de ce qui se passait au dehors. Les plus optimistes eux-mêmes avaient renoncé à rassurer leurs compagnons. On a dit la nuit terrible qui suivit : les massacres à l'Abbaye, à la Force, à la Conciergerie, au Châtelet, à la tour Saint-Bernard. A la tour Saint-Bernard, les meurtriers n'étaient plus qu'à quelques pas.

Il était deux heures de l'après-midi. Les prisonniers venaient d'achever leur repas. Les assassins, moitié bande ambulante, moitié gens du quartier, firent irruption. Que se passa-t-il ? Tout ce qu'on sait se résume en un rapide et atroce tableau de carnage. Aucun simulacre de tribunal comme à l'*Abbaye*, comme à la *Force* : aucune reconnaissance d'identité, aucun effort pour introduire un certain ordre dans le massacre. A quoi bon ? C'étaient des prêtres et, à ce titre, tous coupables. Les forcenés se répandent dans les salles, les dortoirs, les couloirs, les cellules. Ils lardent à coups de pique, taillent à coups de sabre, assomment à coups de marteau. Puis ils jettent par les fenêtres pêle-mêle les morts, les mourants. Le sang coule à flots dans les chambres, sous les lits, sur les escaliers. Aux meurtriers se mêlent quelques femmes, vraies furies hideuses qui frappent à coups de bûche, se disputent la faveur d'achever les blessés, empruntent aux hommes leurs piques pour les enfoncer dans la poitrine des agonisants. Et il en est qui se vanteront le soir de leurs exploits ; l'une d'elles sera même appelée *la tueuse*, et ce nom ne la quittera plus.

En une heure, le massacre fut accompli. Combien de victimes ? Soixante-quinze prêtres, plus un laïque, M. de Villette, lui aussi mort pour sa foi. Une quinzaine de prisonniers purent se sauver ; les uns escaladèrent les murailles ou parvinrent à se cacher ; les autres, comme l'abbé Lhomond, durent la vie à la protection d'un des commissaires ou à l'intervention des gens du quartier. A quatre heures, on commença à enlever les cadavres. Cependant les membres du comité de la section n'avaient cessé de siéger, tout à côté de la prison, dans une des ailes du séminaire, assez près pour entendre les cris des victimes. Quand tout fut fini, les assassins se présentèrent devant eux, réclamant leur salaire. Sans s'émouvoir, ils leur signèrent des bons pour qu'ils se fissent payer, et quelques-uns de ces bons pouvaient se voir encore avant qu'une autre révolution anéantît, à travers les flammes, ces preuves de la complicité dans le crime.

Pendant cette journée du 3 septembre, la seconde journée de

crime, la même faiblesse des autorités laisse toute licence au meurtre.

Le comité de surveillance correspond avec les assassins, leur donne des ordres, dirige les massacres : « Mes camarades, mande-t-il aux égorgeurs de l'Abbaye, il est enjoint de faire enlever les corps morts, de laver et nettoyer toutes les taches de sang, principalement dans les cours, chambres, escaliers de l'Abbaye. A cet effet, vous êtes autorisés à prendre des fossoyeurs, charretiers, ouvriers. » Cependant il importe que la province imite Paris. Une circulaire est préparée ; elle est, selon toute apparence, rédigée par Marat ; puis elle est revêtue de la signature de tous les membres du comité, soit que toutes les signatures aient été vraiment données, soit que quelques-unes aient été apposées par fraude. Cette circulaire est adressée aux autorités des départements. Elle les exhorte à mettre à mort tous les traîtres. Elle part le 3 septembre par le courrier du soir ; elle part avec l'aspect d'un document public, car, grâce à une connivence qui est probablement celle de Fabre d'Églantine, elle est expédiée sous le couvert du ministère de la justice.

Le conseil de la Commune se rassemble. Il s'applique à protéger le Temple et aussi le Palais-Bourbon où sont enfermés un certain nombre de soldats suisses. Là se borne sa sollicitude. Une députation de la section des *Quinze-Vingts* lui ayant demandé la punition de tous les conspirateurs, il s'en remet aux sections « pour prendre à cet égard, dans leur sagesse, les mesures qu'elles jugeront indispensables, sauf à se pourvoir ensuite devant qui il appartiendra » ; plus tard, dans la journée, il alloue au comité de surveillance un crédit de douze mille francs. Le soir seulement, sa vigilance s'éveille. Il se déclare « vivement alarmé des moyens de rigueur qu'on emploie contre les prisonniers » ; il nomme des commissaires « pour ramener aux principes ceux qui pourraient être égarés ». Il décide enfin que ces commissaires pourront requérir la force publique et que, dès à présent, ils seront accompagnés de deux gendarmes à cheval.

Il y a un ministre de l'intérieur. Il se nomme Roland. En cette journée tragique, il reçoit à dîner d'assez nombreux convives. On cause (ce sont les expressions de Mme Roland en ses *Mémoires*), on cause des « événements du jour ». A la table ministérielle est assis Anacharsis Clootz, qui approuve fort la vengeance populaire, et la juge très profitable pour le bonheur futur de l'espèce humaine. Au sortir de ces entretiens, Roland trace une lettre à l'Assemblée. Elle est longue, car elle tiendra quatre colonnes du *Moniteur*. Il commence par son propre éloge. Il célèbre la victoire du 10 août, « fatale aux conspirateurs ». Puis arrivant aux massacres : « Hier, écrit-il, fut un jour sur les événements duquel il faut peut-être jeter un voile. » L'épître, moitié remontrance, moitié homélie, se termine par une pressante exhortation à ne plus tuer. Ainsi parle Roland ; et une seule chose allège sa mémoire, c'est la haine que lui portent les assassins ; car le *Comité de surveillance* vient de le décréter de prise de corps, et les poursuites ne seront abandonnées que le lendemain.

Vers Danton, vers le tout-puissant Danton, montent, comme la veille, quelques invocations à l'humanité. A la fin de l'après-midi, Théophile Mandar, vice-président de la section du Temple, se rend auprès de lui à la chancellerie. Après une longue attente, il parvient à le voir, le supplie d'assembler la force armée, de ramener la sécurité dans les prisons. Danton le regarde froidement et lui répond ces seuls mots : « Sieds-toi, c'était nécessaire. » — « Les massacres, dira-t-il plus tard, c'est moi qui les ai faits. » Et il aura raison de parler de la sorte ; car jamais ils ne se fussent accomplis s'il ne lui eût convenu de les tolérer.

L'Assemblée a, pendant la nuit, envoyé des commissaires à l'*Abbaye*. Le 3 septembre au matin, elle reprend sa séance ; elle reçoit des dons patriotiques, elle vote quelques mesures de détail. Elle prend connaissance d'une lettre de Pétion qui, dit-il, a appris les événements de la veille trop tard pour y porter remède. C'est seulement le soir bien tard que, sous l'excès de l'anxiété, elle se décide à un langage plus viril. Par un décret, elle charge la municipalité et le commandant de la garde nationale de veiller à la sécurité des personnes ; elle ordonne que le maire rendra compte chaque jour de la situation de la ville ; elle rédige une proclamation ; elle nomme enfin des commissaires qui se rendront dans chacune des quarante-huit sections pour y porter les volontés de la représentation nationale.

Ce sont des paroles plus énergiques que celles de la veille ; mais ce ne sont encore que des paroles. Pendant ce temps, voici ce qui se passe dans Paris :

Une immense consternation courbe les âmes et les anéantit. Le suisse de l'hôtel de Beauvau entre tout éperdu chez l'abbé Morellet : « Monsieur, je vous en conjure, ne sortez pas ; on assassine partout, aux Carmes, à l'Abbaye, à Saint-Firmin. » Ce même cri d'horreur sort de milliers de poitrines, mais bientôt étouffé, tant on craint d'être accusé de pitié ! Ceux qui se montrent dans la rue se masquent d'indifférence, redoutant de se déceler. Les boutiques demeurent ouvertes, le train des affaires n'est guère changé : de là un aspect tout banal, quoique en une cité terrifiée. Seuls quelques hommes courageux, utilisant d'anciennes relations, s'autorisant de services rendus, se hasardent jusqu'aux prisons, produisent ou fabriquent des attestations de civisme, soufflent aux accusés les réponses qui disculpent et, par des faux ou des mensonges héroïques, sauvent çà et là quelques vies innocentes. Par intervalles, aux abords des lieux où l'on égorge, on entend des acclamations de joie : c'est qu'un prisonnier vient d'être élargi ; car les mêmes hommes qui immolent avec furie absolvent avec attendrissement ; et sensibles à la manière du temps, volontiers ils embrassent quand ils ne tuent pas. En cette soirée du 3 septembre et le lendemain, on peut suivre, à travers la ville, l'ordre et comme la trace des égorgements. Au couvent des *Carmes* règne le silence, les massacres de la veille paraissant déjà vieux. A l'*Abbaye* on achève de tuer ; et vers les cimetières de Vaugirard et de la Tombe-Issoire, les cadavres, jetés tout nus sur les voitures, sont transportés par charretées. A la Force, on continue, on continuera longtemps encore d'immoler, quoique le gros de la besogne soit terminé. Tout est consommé à la tour Saint-Bernard, tout s'achève au Châtelet et à la Conciergerie. A Saint-Firmin, on a promptement fait « d'expédier les prêtres » ; et le seul bruit est désormais celui des disputes pour le salaire de la tuerie. Dans la soirée du 3 septembre, la grande occupation est à Bicêtre. Pêle-mêle sont percés à coups de pique ou assommés, au nombre de cent soixante-dix, tous les misérables reclus en ce lieu : fous, mendiants, vagabonds. Les enfants retenus en correction sont eux-mêmes englobés dans le meurtre ; car parmi les victimes, on compte douze enfants de quinze ans, deux de quatorze ans, deux de treize ans, un de douze ans. Non loin de Bicêtre est la Salpêtrière, moitié hôpital, moitié maison de force, où sont recluses des condamnées, des prostituées, des malades, des jeunes filles détenues en correction. C'est de ce côté que, le 4 septembre, se portent les assassins. Trente-cinq de ces malheureuses femmes sont sabrées ou égorgées. Quel est leur crime ? Presque toutes sont de vie misérable, ignorant l'ancien régime aussi bien que le nouveau. Telle est l'œuvre des assassins. Le plus déconcertant, c'est qu'ils n'appartiennent pas tous à la lie du peuple. Quelques-uns sont des commerçants établis, des hommes connus, presque estimés dans leur quartier, mais saturés de déclamations au point de traduire en actes tout ce qu'ils ont entendu. J'abrège ces horreurs, n'ayant à marquer ici que la part de l'Église dans la grande immolation. Le 5, le 6 septembre, il y eut encore des assassinats, notamment à l'hôtel de la Force. Le lendemain les exécutions cessèrent, moins par répression que par lassitude de tuer. D'après les calculs qui paraissent les plus exacts, le chiffre des personnes massacrées fut de quatorze cents à peu près. Parmi ces victimes, il y eut environ deux cent vingt-cinq prêtres, sans compter ceux qui furent tirés de la prison supplémentaire de l'Abbaye pour être immolés et dont il est impossible d'établir le nombre exact.

III

DE LA DÉPORTATION AUX LOIS DE MORT

En même temps que s'accomplissaient les massacres, la loi de déportation se publiait. On a dit les prêtres qui meurent ; il faut dire ceux qui partent pour l'exil.

En deux départements, ceux de la Sarthe et du Maine-et-Loire, l'impatience de proscrire devança la loi elle-même.

Au Mans, les réfractaires avaient été internés, dès le mois de mars, au séminaire, dit *séminaire de la mission*. Au mois de juillet, ils y étaient rassemblés au nombre de cent cinquante-neuf. Le 26 août, des bandes populaires, peu nombreuses mais bruyantes, réclamèrent impérieusement le « départ des fataniques ». Le décret n'était point encore voté ; en ce jour-là même, l'Assemblée achevait de le discuter. Le 27, le tumulte se renouvela. Docilement les administrateurs cédèrent. En hâte une liste fut dressée de ceux qui subiraient la proscription. Elle contenait cent cinquante noms et fut, à la dernière heure, réduite à cent quarante-six. Tard dans la soirée, les prêtres reçurent notification de leur sort : ils partiraient sans délai, c'est-à-dire le lendemain à cinq heures du matin ; ils partiraient à pied, par étapes et sous l'escorte de la force publique ; ils seraient dirigés sur Angers, de là sur Nantes, puis seraient embarqués. Le 28, avant l'aube, deux cents gardes nationaux cernèrent la maison de la *Mission*. Les proscrits avaient à peine eu le temps de préparer leur petit bagage. Chacun d'eux reçut un assignat de cent livres, viatique de l'exil. Cependant il y avait, et en assez grand nombre, des hommes âgés, des infirmes, des malingres ; on les mit à part et on leur accorda, avec un sursis d'un jour, la faveur d'une voiture ou d'une charrette. Le reste fut encadré entre des gardes nationaux et, au soleil levant, se mit en route. Le soir, les voyageurs prirent gîte à Foulletourte où ils furent parqués sans lits dans les chambres d'une auberge ; le lendemain ils atteignirent La Flèche où le collège fournit des matelas, et des femmes pieuses quelques vivres que consommèrent les gardes nationaux ; le troisième jour on coucha à Suet ; le 31 août de bonne heure, on aperçut les flèches de la cathédrale d'Angers.

Depuis trois jours, les administrateurs de Maine-et-Loire savaient l'arrivée de leurs nouveaux hôtes. Il se trouva que les mêmes passions et les mêmes peurs qui inspiraient les gens du Mans troublaient aussi ceux d'Angers. Dès le mois de juillet, le conseil général du département avait réclamé une loi contre les non-conformistes. La demande avait été renouvelée un peu plus tard : « Ce n'est, disait-on, qu'en éloignant ces boutefeux qu'on peut espérer voir renaître dans l'Empire le calme et la tranquillité. » L'événement du 10 août avait creusé la séparation et, des deux côtés, porté au comble les colères. Les courriers venus de Paris annonçaient l'invasion étrangère. On venait enfin d'apprendre le premier soulèvement des paysans dans le district de Châtillon. C'est en cet état d'excitation qu'on connut les résolutions prises au Mans. Le 30 août, dans la soirée, une réunion se tint à laquelle avaient été convoqués les membres du district, les officiers municipaux, les chefs de la garde nationale. Sans discussion, on adopta les mesures nécessaires pour recevoir et loger les prêtres manceaux. Puis l'un des assistants se leva et, invoquant l'urgence d'étouffer les germes de guerre civile, proposa, à l'exemple de la Sarthe, la déportation immédiate des insermentés. Sous couleur de salut public, la proposition fut aussitôt votée.

Au milieu de l'effervescence arrivèrent, le 31 août, les prêtres du Mans. La garde nationale d'Angers était allée au-devant d'eux, renforcée de gendarmes et de deux pièces de canon. Les captifs firent leur entrée, à la manière de malfaiteurs et sous la conduite d'une foule immense qui leur clamait ses malédictions. C'est en cet appareil qu'ils gagnèrent le château. Ils y furent enfermés, partie dans les tours, partie dans la chapelle. Le lendemain, ceux des proscrits qui avaient obtenu de faire la route en voiture furent accueillis par les mêmes insultes. « On aurait cru, dit le récit auquel nous empruntons ces détails, que toutes les furies de l'enfer s'étaient donné rendez-vous en ces lieux. »

Il restait à joindre aux prêtres manceaux les prêtres angevins. Les administrateurs de Maine-et-Loire dressèrent la liste des ecclésiastiques déportables : ils étaient au nombre de deux cent soixante-quatre. Pendant que tout se préparait pour l'exil, on connut les massacres de Paris. L'un des commissaires se rendit aussitôt au château, apprit aux captifs l'événement: « Il n'y a plus pour vous, ajouta-t-il, de sûreté dans le royaume ; c'est votre propre intérêt de partir au plus tôt pour Nantes, d'où vous serez embarqués. » Ainsi parla-t-il, montrant comme une grâce le bannissement, et affectant lui-même le ton d'un protecteur, presque d'un ami. « Nous irons, répondirent les prisonniers, où la Providence nous appellera. » Le 12 septembre était le jour fixé pour le départ. On dut, au dernier moment, excepter du voyage quelques malades, notamment l'abbé Courveault qui mourut le lendemain. A six heures du matin, le tambour battit dans la cour du château. Un peu plus tard, les prêtres manceaux se mirent en route, liés deux à deux par des cordes. Dans les rues, une grande foule, mais cette fois muette et donnant même quelques signes de pitié. Hors de la ville, on retrouva les prêtres angevins qui attendaient leurs confrères de la Sarthe. De tous on composa un convoi commun, comme on forme une chaîne de galériens. Quatre ou cinq cents gendarmes ou gardes nationaux escortaient la colonne, attentifs à prévenir, chemin faisant, toute révolte ou toute évasion ; car, à la différence des villes, les campagnes étaient très animées pour leur foi, et plus que tous les autres les catholiques paysans de la basse Loire. Deux petits canons fermaient la marche ; sur l'un d'eux, on attacha à califourchon un curé qu'on appelait Lancelot et qui était particulièrement odieux aux proscripteurs. Le premier jour, on fit halte à Ingrandes, le deuxième à Ancenis, le troisième, on atteignit Nantes. A la différence des Angevins, les Nantais acueillirent avec humanité ceux qui allaient quitter la France. Le maire se rendit au-devant du convoi. Montrant les prêtres et avec un accent de reproche : « Sont-ce là, dit-il, des criminels ? » Et il fit enlever toutes les entraves. L'autorité toléra les visites, défendit les insultes, permit les achats nécessaires. La veille du départ, les commissaires venus du Mans et d'Angers réunirent les proscrits, qui étaient au nombre total de quatre cents environ, et les pressèrent de prêter serment. Deux d'entre eux cédèrent. Le reste garda le silence. « Eh bien, dit l'un des commissaires, préparez-vous à partir ; jamais vous ne reverrez votre patrie. » Sur des barques, les déportés gagnèrent Paimbœuf. Là, ils furent répartis entre trois bâtiments, le *Français*, le *Didon*, l'*Aurore*, et, après une traversée très contrariée par les tempêtes, abordèrent sur les côtes d'Espagne.

Telle fut l'application anticipée du décret. Ailleurs la hâte fut un peu moins grande. Mais, dès le mois de septembre, l'exode des prêtres commença.

Les départs furent accompagnés de tant de traverses qu'on ne savait où était le plus grand péril, celui d'obéir à la loi en quittant le territoire, ou celui de la braver en demeurant dans la patrie.

Dès le premier jour, les épreuves commencent. Les prêtres, les uns libres encore, les autres déjà soumis à l'internement dans les villes, se présentent devant les municipalités pour obtenir leurs passeports. Cependant la même passion qui a souhaité leur éloignement répugne à les laisser partir : il est doux de les bannir ; ne serait-il pas plus doux de les tenir emprisonnés ? Puis une crainte règne, celle qu'ils aillent rejoindre les émigrés et, suivant le langage du temps, « se ranger sous les aigles germaniques ». A Autun, à Dôle, à Troyes, ailleurs encore, les passeports sont refusés. En plusieurs endroits, les insermentés demeurent donc consignés, gardés à vue, n'ayant ni le droit de rester, ni la licence de partir ; et cette violation de la loi est si flagrante qu'elle est dénoncée le 13 septembre à l'Assemblée législative.

Quand les insermentés ont enfin obtenu leur passeport, ils ne laissent pas, après l'avoir lu, que de demeurer soucieux. Sur cette pièce on a mentionné leur qualité de prêtre, l'objet de leur voyage, le décret qui les expulse. Le même papier, qui les protège, les dénonce ; et quand, aux étapes de la route, ils se présenteront aux autorités pour le *visa*, ils seront traités moins en citoyens dignes d'égards qu'en suspects bons à molester.

Cependant à la poste les courriers ont déposé les journaux. Ceux-ci annoncent des nouvelles terrifiantes : les massacres de Paris d'abord, puis les jours suivants d'autres tueries. A Versailles ont été immolés le 9 septembre, au nombre de soixante-dix, les prisonniers transférés d'Orléans et les détenus de la prison. A ces nouvelles, les malheureux n'ont plus qu'un souci, s'éloigner, s'éloigner au plus vite. Décidément la terre étrangère, même inhospitalière, sera moins cruelle que ne l'est la patrie.

L'appréhension est telle qu'elle surexcite l'ardeur de partir, même chez ceux que la loi ne chasse pas. Il surgit, et en assez grand nombre, des candidats à l'exil. Beaucoup de prêtres non fonctionnaires, chanoines, chapelains, anciens religieux, tous provisoirement épargnés par le décret de déportation, sollicitent comme une faveur le bannissement et se présentent aux mairies pour obtenir un passeport. En plusieurs lieux, les autorités un peu embarrassées consultent le ministre de l'intérieur, Roland. Celui-ci prescrit d'accorder sans hésiter les laissez-passer : « Ces prêtres, ajoute-t-il, montrent par leur demande même qu'ils sont aussi dangereux que les autres. »

Il y a des liens dont on ne sent toute la force qu'au moment de les rompre. A l'heure de l'exil, plusieurs de ceux qui ont aspiré au départ sentent leur cœur se briser. Tout est prêt. Ils ne se résignent point à s'éloigner. Ils ont un passeport. Ils ne se décident pas à s'en servir. Silencieusement ils se séparent de leurs compagnons. A travers mille détours, ils brouillent leur trace ; ils se rejettent en leur région natale comme un brigand dans le maquis. Là ils dresseront l'autel où il plaira à Dieu, hors la loi humaine pour mieux suivre la loi de Jésus, et entretenant au jour le jour ce qui reste de flamme chrétienne. Nous les retrouverons sur les pontons ou bien encore au pied de l'échafaud.

Ce qui est chez les uns aspiration au martyre, se transforme chez les autres en faiblesse. Il y a çà et là, au moment même du départ, quelques prestations de serment. Ces retours *in extremis* seront-ils motifs de grâce ? Roland consulté juge l'obéissance trop tardive pour qu'elle reçoive son salaire. Pourtant sa décision s'accompagne de quelques tempéraments, en faveur de ceux qui n'ont jamais suscité de troubles et qui peuvent produire des attestations de civisme. Par ce langage, il semble s'en remettre aux autorités locales ; et en effet, celles-ci, suivant les âpretés de leur zèle ou les inspirations de leur mansuétude, pousseront jusqu'au bout la rigueur ou pratiqueront la clémence.

Cependant, par toutes les routes, s'écoule le gros de l'armée sacerdotale. Je sais quelques prêtres qui, comme le respectable abbé de Moussac, partirent dans leur propre voiture conduite par un serviteur fidèle. Ces débris de luxe sont rares. Le plus souvent le voyage est misérable qui conduit jusqu'à l'exil. Les déportés n'aiment point à se servir des *diligences* : d'abord elles sont chères ; puis les places y sont retenues longtemps d'avance ; enfin elles sont encombrées par les commissaires, les fonctionnaires, les gendarmes nationaux, tous gens à fuir. On voit les proscrits faire marché avec des bateliers pour descendre les fleuves. D'autres se cotisent pour payer une carriole où ils s'entassent. Beaucoup vont à pied, empruntant par intervalles les charrettes des paysans. C'est à pied que M. de Barral, évêque de Troyes, s'évade à travers la Bourgogne et gagne la frontière suisse.

Cet appareil est celui du pauvre. Pauvres, les prêtres proscrits le sont presque tous. Ils le sont d'autant plus que, chemin faisant, ce qui leur reste leur est ravi. Une loi est votée le 5 septembre qui défend toute exportation de numéraire. Donc aux gîtes d'étape, quand les déportés se présentent aux mairies pour le *visa* de leurs passeports, on les interroge, on les fouille, on leur prend leur or et on leur donne en échange des assignats, dépréciés en France, plus dépréciés à l'étranger. Comme ils protestent, quelques directoires consultent Roland. Celui-ci confirme la défense de toute exportation ; cependant il conseille quelques ménagements dans les perquisitions : *De minimis non curat prætor*, écrit-il aux administrateurs de la Seine-Inférieure ; et il permet, semble permettre la tolérance de trois ou quatre louis qui assureront les premiers jours de l'exil.

La route se poursuit, mais au milieu de quelles traverses ! Tout ce que les prêtres ont lu dans saint Paul sur les périls des serviteurs de la foi, périls des fleuves, périls des villes, périls des déserts, des faux frères, devient pour eux d'une application littérale.

Il y a le péril de la traversée des campagnes. En général elles sont demeurées assez fidèles à leur foi et ne souhaitent point la persécution. Mais dans le voisinage de la frontière, la terreur de l'envahissement, la conviction des trahisons nobiliaires et sacerdotales obscurcissent les intelligences, voilent l'humanité elle-même. Tel est le sentiment dans l'Ardenne, en Champagne, en Bourgogne, dans une partie de la Franche-Comté. Là, sans plus amples informations, on juge que le réfractaire qui fuit prouve, en fuyant, qu'il est coupable : c'est bien vraiment l'ennemi bon à traquer, bon à abattre en attendant l'autre ennemi. A cinq lieues d'Autun, au village de Couches, le dimanche 9 septembre, quatre prêtres qui voyagent en voitures avec des passeports réguliers sont assaillis par les gens du pays, mis en prison, puis massacrés. Chose inouïe ! ces assassins ne croient pas mal faire. On les traduira plus tard en justice ; et dans leur esprit grossier, tout enténébré de calomnies, ils ne comprendront point qu'on les accuse. Ils s'estimeront non des tueurs, mais des patriotes.

Il y a un péril plus grand que la traversée des campagnes, et c'est la traversée des villes. Les déportés, dans les relations où ils ont consigné leurs épreuves, ont raconté que parfois, à l'entrée des bourgs ou des centres populeux, ils étaient reconnus, malgré leur déguisement, par des hommes compatissants, par des femmes pieuses. Ceux-ci s'approchaient d'eux furtivement ; à l'oreille ils leur glissaient ces mots : « N'entrez pas, il y a des malintentionnés ; tournez la ville, hâtez-vous. » Et eux-mêmes se hâtaient de s'éloigner, craignant d'être accusés de pitié.

C'est que partout, dans les villes, les prêtres sont signalés à la haine publique. A Quingey, dans la salle même où s'accomplissent les élections pour la Convention, une affiche invite les délégués de chaque canton à dénoncer tous ceux qu'atteint la loi de déportation. — A Mortagne, le club, après avoir dénoncé les nobles, les prêtres, énumère les sommes que chacun d'eux a, dit-il, versées pour assurer le départ du roi et le triomphe de la contre-Révolution. — A Lyon, Chalier dit à la tribune du club central : « Il faut trancher la tête à tous les prêtres réfractaires. » — Dans le Jura, les administrateurs du département, décrètent le 10 septembre que tous les prêtres insermentés seront incarcérés : à Dôle, à Salins, les prisons se remplissent, et on arrête même les déportés qui, munis de passeports réguliers, traversent la région pour se rendre en Suisse. — Dans la Côte-d'Or, sous le prétexte que la loi n'est pas faite pour les temps révolutionnaires, le *peuple* — c'est le terme des documents officiels — fait violence aux municipalités et s'arroge le droit d'arrestation : à Beaune, quarante individus, nobles ou prêtres, sont détenus aux Cordeliers ou aux Carmélites : à Dijon, les prisons regorgent ; elles regorgent tellement qu'on est obligé de faire rebrousser chemin aux suspects qui sont amenés des autres villes. Comme Roland, indigné, gourmande les officiers municipaux de Beaune, ceux-ci répondent insolemment : « La nature des expressions de votre lettre fait naître le doute qu'elle soit exactement de vous. » Quant aux administrateurs de la Côte-d'Or, ils ripostent en rappelant au ministre son impuissance pendant les journées de septembre : « Dans la capitale, disent-ils, tous les corps constitués n'ont rien pu opposer, non seulement aux arrestations, mais même aux exécutions arbitraires ; comment voulez-vous que, revêtus d'une autorité moindre, nous ayons pu rendre à la liberté les hommes que la Commune garde ? Vous voulez que nous dénoncions à l'accusateur public les coupables de ces arrestations ; avez-vous fait dénoncer les coupables de pareils délits et de plus grands encore ? »

De ces violences au meurtre il n'y a qu'un pas. A Meaux, le 4 septembre, la prison est envahie, et sept prêtres y sont massacrés. — A Lyon, cinq jours plus tard, une foule de bandits, se disant gardes nationaux, après avoir égorgé plusieurs officiers du régiment de Royal-Pologne, tuent un prêtre à la prison de Saint-Joseph, un autre à la prison de Rouanne, et un troisième qu'ils assaillent dans la rue. — Dans l'Orne, un curé, l'abbé Gallery, est mis à mort le 3 septembre à Vimoutiers, et un capucin le 6 septembre à Alençon.

Pourtant, en ces mêmes jours, des scènes plus horribles se sont déroulées à Reims.

En cette ville, le 3 septembre au matin, le bruit s'est répandu que des lettres sont interceptées ou retardées, qu'on brûle à la poste des papiers compromettants. Le peuple (c'est toujours l'expression des procès-verbaux), le peuple, aidé de fédérés nationaux nouvellement arrivés, se saisit du directeur et aussi de l'un de ses commis : l'un et l'autre sont immolés. Puis des perquisitions s'opèrent dans les différents quartiers à l'effet d'y arrêter tous les aristocrates. Des étrangers, portant sur leur chapeau une inscription tracée à la craie avec ces mots : *homme du 10 août*, excitent à la violence, répriment tous les mouvements de pitié. Un chevalier de Saint-Louis, M. de Montrozier, est massacré. Parmi les victimes, les plus désirables sont les prêtres. Deux chanoines, M. de la Condamine et M. de Vauchères, sont assassinés. Un peu plus tard, un ancien curé, M. Romain, est traîné dans les rues et ensuite mis à mort. A la chute du jour, les cadavres sont dépecés et les débris sanglants, têtes, troncs, membres, sont promenés dans la ville. Cependant la nuit tombe. Sur l'une des places publiques, on allume un grand feu, et on y jette pêle-mêle les misérables restes. En ce moment, les forcenés tirent de la prison un prêtre, l'abbé Alexandre, arrêté dans la journée, l'amènent sur la place et le précipitent dans le brasier. Le jour renaît sans que l'ivresse de tuer s'apaise. Point de police ; une garde nationale impuissante, dépourvue d'ordres précis, affolée de terreur ; des magistrats s'épuisant en exhortations, en « exhortations très pathétiques », disent-ils dans leur procès-verbal, et réduits à inventorier les dépouilles des morts ou à rechercher par les rues ce qui reste d'ossements pour leur assurer la sépulture. Le 4 septembre dans la matinée, les bandits amènent à la *Maison commune* l'abbé Paquot, curé de Saint-Jean et le somment de prêter serment. Timidement, les officiers municipaux interviennent : « Le serment, disent-ils, n'est pas obligatoire, et cet ecclésiastique sera déporté. » « J'aime mieux la mort que le serment, dit l'abbé Paquot qui a conservé tout son calme. » A ces mots, la furie des brigands se ranime : ils entraînent le prêtre sur la place de l'Hôtel de Ville, le percent de coups, dépècent et promènent ses restes. Cependant un général vient d'arriver et avec lui des troupes. Les magistrats lui demandent du secours. Si nous en croyons la municipalité, il ne donne aucun ordre et bientôt part pour Châlons, afin de prendre les instructions de Luckner. Décidément les meurtriers sont les maîtres. Dans l'après-midi, une troupe de gens, dont plusieurs sont armés de sabres, conduisent devant les officiers municipaux un vieillard, l'ancien curé de Rilly : « Qu'il jure, crie la foule ; nous ne lui ferons aucun mal et nous le reconduirons chez lui. » Comme l'abbé Paquot, le curé de Rilly répond : « Jamais je ne prêterai serment. » Et comme l'abbé Paquot, il est, malgré les efforts du maire, immolé. Le lendemain seulement, un retour violent se produit ; et la colère contre les assassins étant aussi terrible que la brutalité contre les victimes, l'un des brigands, nommé Laurent Remacle, dit Château, est exécuté sommairement. Le 7 septembre, le calme renaît, et c'est alors que les officiers municipaux rédigent le procès-verbal auquel nous empruntons ce que nous venons de raconter.

Telles sont les nouvelles que recueillent les prêtres aux étapes de leur fuite. Tout terrifiés, ils évitent les villes, au risque de négliger le visa de leur passeport. S'ils ne peuvent emprunter quelque chemin de traverse, ils se glissent dans les rues le soir et repartent à la petite pointe du jour. Ces précautions d'ailleurs ne sont pas toujours efficaces, et il arrive que plusieurs se décèlent par leur soin même à se dissimuler.

Avec l'automne de 1792, l'exode s'achève.

Aux limites des Pays-Bas sont les prêtres du Nord. Ils sont rassemblés dans les petites villes de la frontière, à Ypres, à Poperinghe, à Warneton, à Péruwelz ; mais leur paix ne sera pas longue, car bientôt ils seront refoulés sur Bruxelles, sur Liége, enfin sur la Westphalie. — Les Picards, les Normands, les Bretons ont presque tous cherché refuge en Angleterre. Ils y vivent très rassurés, — car la mer les sépare de leurs ennemis, — mais pauvres aussi jusqu'à la misère. — Les Alsaciens, les Bourguignons, les Francs-Comtois ont franchi la frontière suisse. Ils s'entassent dans le canton de Fribourg et refluent sur celui de Soleure. En cette dernière ville repose, dans la chapelle du collège, M. de Durfort, archevêque de Besançon, mort tout récemment ; et le premier soin des prêtres comtois, en dépit de leur pénurie, est de lui élever un tombeau. Les déportés du Charolais, du Beaujolais, du Lyonnais, achèvent de s'écouler vers la Savoie ; ils marchent péniblement d'étape en étape, à travers les cantonnements des soldats qui trop souvent les poursuivent de leurs cris : *A mort les prêtres !* La Savoie même ne leur offrira qu'un asile passager, et bientôt sous la pression de l'invasion française ils seront rejetés en Piémont. — Les insermentés du Midi se dirigent en général vers Nice ; de là ils se répandent en Toscane, dans les États le l'Église ; et le pape Pie V, bientôt proscrit lui-même, créera pour les soutenir l'*Œuvre pie de l'hospitalité française.* — Cependant beaucoup de prêtres de l'Anjou ou du Poitou ont gagné par mer l'Espagne. D'autres s'y acheminent par terre, venant de l'Angoumois, du Périgord, de l'Agenais ; ils voyagent ordinairement à pied, tantôt insultés, tantôt bénis. Ainsi arrivent-ils auprès des Pyrénées qu'ils contemplent avec stupéfaction : « Figurez-vous, disent-ils en leurs récits naïfs, que les montagnes sont ici vingt fois plus hautes que les plus grands arbres de chez nous. » Et les mêmes relations rapportent leurs terreurs quand ils commencent à monter vers le col et s'engagent dans le chemin muletier qui, du versant français de Cauterets, les portera vers Penticosa.

Il semble que tant de départs doivent laisser sans guides les fidèles et déserts ce qui reste d'autels. Cette conclusion serait trop absolue ; et après s'être étonné de tout ce que l'Église a perdu, on s'étonne de ce qu'elle retient encore.

A côté de ceux qui s'éloignent, il y a ceux dont la présence demeure tolérée. Ce sont les prêtres *non fonctionnaires,* c'est-à-dire qui n'ont été investis d'aucun ministère paroissial ou d'enseignement public. Dans cette catégorie épargnée rentrent ceux des anciens religieux. des chanoines, des chapelains qui n'ont point émigré. — Les religieux, même demeurés fidèles à leurs vœux, ont tous été expulsés de leurs couvents ; car les lois du mois d'août ont prescrit la fermeture de toutes les maisons conventuelles ; ils vivent, soit dans leurs familles, soit dans de petits logements urbains ou à proximité de leur ancien monastère. Ils sont tenus à une extrême prudence, et la dénonciation de six de leurs concitoyens suffit, on s'en souvient, à les rendre déportables. En dépit de cette servitude, quelques-uns d'entre eux réussissent encore à faire œuvre de prêtre. — La même condition est celle des chanoines, des chapelains demeurés autour de leur église livrée au schisme, et eux aussi sous le coup d'une suspicion permanente. La plupart bornent leur ambition à garder sauves la liberté et la vie. Les zélés ont, dans la portion la plus écartée de leur demeure, une petite chambre où ils disent la messe, où ils reçoivent quelques fidèles, où brûle encore la lampe d'autel, toute voilée, toute baissée, juste assez pour qu'elle ne s'éteigne pas.

Après les prêtres non assujettis au serment, les prêtres fonctionnaires. Tous ne sont pas partis. D'abord il y a les sexagénaires et les infirmes qui doivent, aux termes de loi du 26 août, être réunis au chef-lieu du département dans une maison commune, sous l'inspection de la municipalité. Le lieu choisi est tantôt le séminaire ou un ancien couvent, tantôt un collège ou bien encore une habitation particulière devenue propriété nationale. Suivant l'humeur des magistrats, le régime est celui de la réclusion ou d'un simple internement débonnaire. En certaines villes, comme à Strasbourg, le règlement est très dur : les détenus ne peuvent sortir que collectivement, sous la conduite d'un surveillant ; ils ne peuvent recevoir de visites que de dix heures à midi, au réfectoire et en présence d'un gardien ; chaque jour les chambres sont inspectées deux fois ; toute contravention entraîne huit jours d'arrêt à la chambre. A l'inverse, dans la Creuse, dans la Marne, dans la Meurthe, la règle est, au moins au début, très douce et pleine d'accommodements. Il en est de même dans le Pas-de-Calais, jusqu'au jour où Lebon confie à son père le soin de gouverner ceux qu'il appelle des êtres « antisociaux, remuants et fanatiques ». A la faveur de cette tolérance, les internés gardent en certains chefs-lieux contact avec leurs ouailles. Puis, parmi ces vieillards ou ces malades, il en est qui, à raison de leurs infirmités ou par la collusion des officiers municipaux, ont obtenu de demeurer à leur foyer. Là ils figurent encore, quoique sous l'aspect le plus humble, le culte proscrit.

Il y a enfin les prêtres valides et vaillants qui, sujets à la déportation, ont préféré les périls de la patrie à la sécurité de l'exil. En eux réside déjà, en eux résidera surtout, dans les temps qui vont suivre, la vraie force de l'Église persécutée. Tous ces insoumis recourent à des moyens divers pour dépister les dénonciateurs. Il en est qui, blottis dans quelque retraite écartée, s'appliquent à se rendre invisibles à force de se cacher. D'autres obtiennent de municipalités complaisantes des certificats de civisme ou des attestations de maladie, échappent de la sorte aux premières recherches et se flattent que plus tard, l'attention se portant ailleurs, ils demeureront comme oubliés. Aux limites du territoire, c'est-à-dire en Alsace, en Franche-Comté, dans la région des Pyrénées, plusieurs passent et repassent la frontière, toujours présents pour le service de leurs ouailles et pourtant toujours insaisissables. Quelques-uns enfin, sans plus amples calculs, se confient à leur vaillance, à leur bonne fortune et à Dieu.

Ils ont raison de compter sur Dieu, raison aussi de compter sur eux-mêmes. D'abord novices et maladroits, ils apprendront bien vite la ruse qui évite le péril ou le sang-froid qui en triomphe en le bravant. La plupart sont fils des champs, ils le redeviendront. Ils laissent pousser leurs cheveux ; ils s'habillent de grossiers vêtements ; leurs mains se hâlent au soleil, se durcissent au contact de la terre. Le jour, ils seront laboureurs, gardiens de bétail, domestiques de ferme ; la nuit, dans le grand silence, deux cierges s'allumeront, et de serviteurs devenant hôtes vénérés, en la demeure transformée en tabernacle saint, ils feront descendre, sur la table rustique devenue autel, Dieu proscrit comme eux. Pour leurs courses apostoliques, ils se déguiseront en marchands, en colporteurs, porteront sur les épaules des outils ou des planches qui cacheront au besoin leur visage ; ils prendront tous les aspects, jusqu'à celui de volontaire ou de gendarme. Que s'ils sont soupçonnés, ils changeront chaque jour d'asile, coucheront sur la pierre ou au fond des bois, ne s'approcheront des villages qu'à la faveur des ténèbres pour le service divin ou pour l'assistance des mourants. Ainsi vivront-ils, toujours menacés, toujours souffrants, toujours à la veille d'être découverts, presque jamais trahis, et traçant au jour le jour, pièce à pièce, une épopée qui s'ignore et que le monde jamais ne connaîtra bien.

Ils ont des complices. Les plus admirables sont les femmes. De leurs actes d'héroïsme pendant la période qui va s'ouvrir, on pourrait tracer un livre qui serait le pur trésor des choses sublimes. Ce sont elles qui, de village en village, annoncent en secret le lieu où se célébrera le saint sacrifice. Ce sont elles qui font le guet, dépistent de loin les gendarmes, font disparaître toute trace du culte divin, et à la police des persécuteurs opposent une contre-police, merveilleuse de pénétration quoique improvisée. Elles excellent à enfouir et à retrouver. Elles sont fécondes en ruses, mais en ruses héroïques. Pour elles il n'est ni intempérie qui arrête, ni sentier qui rebute, ni rencontre qui effraie quand il faut amener le ministre de Dieu au chevet du malade qui a soif de pardon. Elles font merveille en l'art des déguisements. Au risque de leur propre vie, elles se hasardent jusqu'au mensonge pour sauver des vies innocentes. Si le prêtre est chassé de partout, ce sont elles qui, plus fortes par leur courage que d'autres par leurs armes, lui gardent un asile. Bien vite les clubistes des villes, les délateurs de village ont deviné leur implacable obstination. Mais nulle montée de haine n'égale l'ascension de leur foi. Dès la fin de 1792, on trouve dans les pièces des archives les traces de leurs emprisonnements. Celle-ci, qui est une noble chanoinesse, est qualifiée de fanatique ; celle-là, qui est une pauvre servante, est flétrie d'incivisme ; au nom de quelques-unes on trouve accolé le mot de *scélérate bigote*. Et ces injures mêmes sont hommage, car elles attestent le dépit d'adversaires, enlacés dans cette coalition de femmes et n'en pouvant triompher.

Ces réfractaires inviolablement attachés à leurs ouailles et au sol natal n'ont pas seulement pour complices les femmes, mais en certaines contrées éloignées de Paris les populations, parfois aussi, quoique avec toutes sortes de peurs, les autorités elles-mêmes. Il devait être donné à ce temps de fournir le spectacle de l'extrême dans la haine, de l'extrême aussi dans la fidélité. — Dans l'Ariège, il y a encore, à la fin de 1792, des curés non remplacés, et des assermentés qu'on ne peut installer ou maintenir qu'avec l'aide de la force publique. Les réfractaires tiennent les hautes vallées ;

à certains jours ils descendant dans la plaine ; en cas de trop vives poursuites, ils repassent la frontière, mais pour revenir bientôt et, suivant l'expression d'un rapport, tandis qu'on les croit en Espagne, ils « errent comme des ours dans les antres des Pyrénées. » — Dans les communes limitrophes de la Lozère et du Cantal, les insermentés exercent ouvertement leur ministère : « Nous voulons garder nos curés à quelque prix que ce soit, disent les gens de Recoules-d'Aubrac et de Nasbinals. » — Dans la Haute-Loire on a calculé que, parmi les insermentés, une centaine de prêtres seulement émigrèrent ou obéirent à la loi de déportation ; une centaine d'autres furent reclus comme vieillards ou infirmes ; le reste tint la campagne, protégé par les populations, l'obstacle des montagnes, les intempéries de l'hiver. — Dans le Forez, les non-conformistes se réunissent en un endroit désert près de Noirétable, et de là, rayonnant dans le voisinage, exercent toutes leurs fonctions. — Dans l'Aveyron, les districts de Saint-Geniès et de Sévérac demeurent rebelles aux mesures de rigueur ; le procureur général syndic du département est contraint de menacer de dénonciation quiconque négligera de rechercher les non-conformistes ; à quelque temps de là, un maire est destitué pour avoir favorisé le séjour en sa commune des prêtres fanatiques et avoir même donné asile à l'un d'eux. — Dans la Creuse la loi est exécutée avec mollesse, au moins jusqu'en 1793. — Dans l'Ardèche, l'ancien culte garde en beaucoup d'endroits ses autels ; l'un des plus attentifs, en cette contrée, à combattre les mesures violentes est Lafont de Savine, à la fois évêque constitutionnel et président de l'administration du département. Par une interprétation libérale bien propre à ramener la paix, il incline à juger valable tous les serments restrictifs et par suite à laisser sans exécution la loi du 26 août : « Je vous recommande avec le plus vif intérêt, écrit-il aux administrateurs du district, le clergé de ce diocèse et réclame pour lui votre justice, votre pitié, votre humanité. » — En beaucoup d'endroits, même en la révolutionnaire Bourgogne, les officiers municipaux répugnent devant des poursuites qui entraîneront dix ans de détention ou la transportation à Cayenne : « Je ne vois pas, disent-ils, je me détourne pour ne pas voir. » — Longtemps, en Franche-Comté, certaines chapelles des confréries demeurent ouvertes, et, passant et repassant la frontière, les non-conformistes y viennent dire la messe. A défaut de prêtre, l'un des assistants s'approche de l'autel, et, au milieu des fidèles agenouillés, dit les prières liturgiques. — En Alsace, toute la rigueur des autorités ne parvient que malaisément à vaincre la résistance des populations, ardentes à garder l'ancien culte.

Ainsi survit-il partout, persécuté, non anéanti, ménagé même en certains lieux, fortifié par des fidélités inébranlables, ressuscitant quand on le croit abattu. A tout prix, il faut étouffer cette résistance. Les Conventionnels sont submergés de soucis : le procès et l'exécution du Roi ; la coalition étrangère qui se complète ; l'Angleterre devenue ennemie, la Hollande aussi et pareillement l'Espagne ; la victoire de Jemmapes déjà obscurcie, et bientôt effacée par les revers ; les assignats de plus en plus dépréciés ; la misère publique croissante ; la loi du maximum réclamée par la foule ignorante et affolée ; les divisions intestines entre la Montagne et la Gironde ; les premiers signes de fédéralisme ; tout l'Ouest agité. Pour songer aux prêtres fanatiques, il reste peu de loisir. On les frappera pourtant, mais sommairement et d'un coup brutal qui, on l'espère, sera mortel.

Deux décrets successifs édités, le premier le 18 mars, le second le 23 avril 1793, achevèrent la proscription de tout le clergé fidèle. Ils étaient brefs, d'une simplicité terrible, et tranchants comme la hache du bourreau.

Tout prêtre sujet à la déportation qui serait trouvé sur le territoire de la République serait conduit de suite à la prison du district, jugé par un jury militaire, puni de mort dans les vingt-quatre heures. Tout prêtre déporté qui rentrerait serait pareillement puni de mort dans les vingt-quatre heures. Pour que nul n'échappât, il était stipulé que tout citoyen qui connaîtrait la retraite d'un prêtre devrait le dénoncer.

Telle était la mise hors la loi, générale, inexorable, qui atteignait sans distinction les ecclésiastiques anciens fonctionnaires.

Quant à ceux qui n'avaient rempli aucune fonction, ils étaient soumis à une rigueur presque égale. Voici ce que le code révolutionnaire décrétait contre eux :

S'ils n'avaient pas prêté le serment civique, ils seraient embarqués et transférés sans délai à la Guyane française. Les sexagénaires, les infirmes, les caducs seraient tenus en prison. Ainsi seraient traités tous les ecclésiastiques, tant séculiers que réguliers, et la même sévérité s'étendrait jusqu'aux frères convers, jusqu'aux frères lais.

Si, au contraire, ces prêtres avaient prêté le serment civique, ils seraient épargnés, mais à la condition qu'ils se contentassent de conserver la vie sauve et qu'ils s'abstinssent, hormis toutes portes fermées, de tout regard vers Dieu ; car s'ils étaient dénoncés pour incivisme par six citoyens quelconques du canton, c'est-à-dire s'ils s'avisaient de garder mémoire de leur sacerdoce, ils seraient, en dépit du serment, transportés, eux aussi, à la Guyane française. Ceux qui échapperaient ou reparaîtraient sur le territoire seraient immédiatement mis à mort.

J'ai dit sans commentaires ces lois votées sans phrase, dans le silence de la terreur, en l'an quatrième de la liberté. Jamais, depuis Dioclétien, édit plus terrible n'avait été porté contre la religion du Christ, et visiblement le catholicisme semblait en France atteint à mort, à moins que Dieu lui-même ne conspirât pour le perpétuer. Cependant, contre cet excès de tyrannie, déjà dans l'Ouest de la France une insurrection avait éclaté, osée, farouche, implacable. Elle s'appelait d'un nom qui, à cette heure, rendait soucieux, même les plus résolus des Conventionnels. En ce printemps de 1793, elle se nommait *la Vendée*.

TABLE DES MATIÈRES

Illustration de la face de la couverture : *L'abbé Ermès*, confesseur des condamnés, assassiné le 2 septembre 1792 dans les bras de Mgr de La Rochefoucault, au pied de la chapelle sépulcrale du Couvent des Carmes.

Illustration du revers de la couverture : *Massacre des prêtres dans l'église* des *Carmes*.

Illustration de la deuxième page de la couverture : *La Prison de l'Abbaye*.

Illustration de la troisième page de la couverture : *Le Couvent des Carmes déchaussés*.

E. GREVIN — IMPRIMERIE DE LAGNY — 9-1934

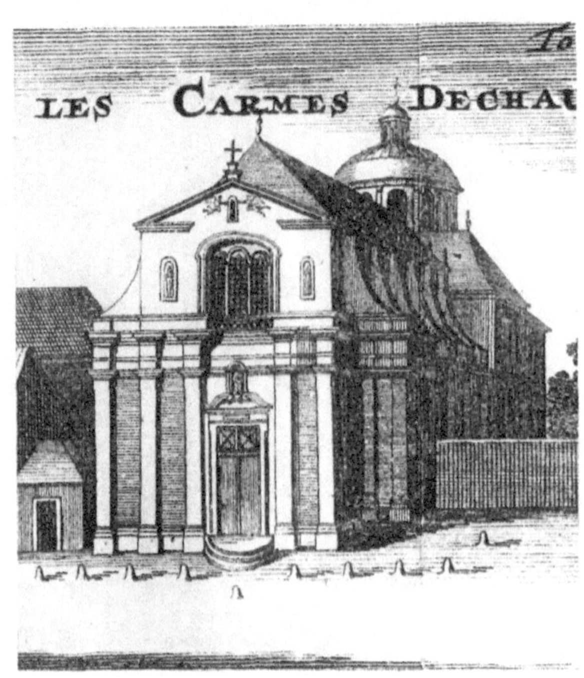
LES CARMES DECHAU